人间图鉴

我们神奇的人类

〔日〕伊吕波出版◎编著　苏航◎译

人間図鑑

北京联合出版公司
Beijing United Publishing Co.,Ltd.

大家各不相同，当然如此！

你有过自己和其他人“不同”的感觉吗？
例如，你们的面孔和身材不同，
喜欢的东西也不同，
或是你明明很悲伤，
其他人却笑着。

如果因为这种不同而被吓到或是感到悲伤的话，
那完全没必要。
因为人类就是这样，
“大家各不相同，当然如此”。
无论去哪里找，
都绝对不会找到完全相同的两个人。

……哎呀，现在打招呼有点儿晚了呢。
我是人类学博士，为了研究人类的差异，
现在正在世界各地探险。
今天我要邀请你到“人类博物馆”来。
在这里学到大量有关“不同”的知识后，
你一定会更加珍惜自己和他人。

本图鉴的阅读方法

本图鉴采用插图和文字相结合的形式来介绍人类的差异。

想简单了解的话就重点看插图，想详细了解的话就试着读读文字吧。

身体的差异

年　龄

并不像蛹变成蝴蝶一样，有很明显的成长变化，人是随着年龄的增长，身体和心灵慢慢地发生变化的。从刚出生的婴儿到高寿的老人，人一直在变化着。让我们来看看在这个世界上一起生活的不同年龄阶段的人吧。

★这里以美国著名发展心理学家兼精神分析学家爱利克·埃里克森（Erik H. Erikson，1902—1994）设想的发展阶段为基础进行介绍。

这一页要介绍的主题及相关说明

读了这里，你就能快速理解各个小方块的内容哟！首先读一下这里吧。

什么都想试试看！

所介绍内容的插图

▶ **幼儿前期**

（1岁半—3岁左右）

当宝宝开始学走路和说话时，进入幼儿前期，大概从1岁半开始。这是个对什么都感兴趣的阶段，无论什么事都想试一试。同时，为了增强自信，这个阶段你会不断挑战更有意义的事情。而且，对于没能做到的事情，你会萌生出“不好意思”的感觉。一个人上厕所和换衣服都是这个时候学会的，还记得吗？

所介绍内容的标题

详细说明

什么样的人符合这里的内容，或记录这条的理由是什么，等等。

找找看吧！

博士和伙伴们藏在书里面哟！

你能找到他们吗？

除了你，还有很多来自其他行星的外星朋友一起游玩哟！

请注意！

难懂的词语

本图鉴中出现了大量对成年人来说也很难理解的词语。在这里，我先介绍下这些词语的含义。如果你在文中遇到带有“*”的词语，就请回到这里看一下解释。

《红发安妮》 蒙哥马利1908年发表的长篇小说，描写了性格开朗、想象力丰富的红发主人公安妮的成长故事。

白化病 身体生来就没有合成黑色素的功能或是该功能较弱，导致皮肤、眼睛呈粉白色，毛发呈白色。白化病是遗传性疾病。

伊斯兰教 世界主要宗教之一，公元7世纪初阿拉伯人穆罕默德所创，盛行于亚洲西部和欧洲北部。

遗传 父母把身体的构造和生理机能传递给子女的现象。

遗传基因突变 地球上生物的生命设计图（基因组）发生变化。这种变化也会遗传给子孙。

移民 离开自己的家乡或国家，移居到别的地方或国家的人。

凝灰岩 由火山灰等物质凝固而成的岩石。

希腊神话 古希腊人代代相传下来的神话和传说。

基督教 公元1世纪创立的一神教，信仰上帝和他唯一的儿子耶稣基督，信奉耶稣为救世主。有天主教、东正教、新教等各种教派。

《旧约》 对犹太教和基督教来说很神圣的经书。因为在基督教中还有《新约》，因此犹太教称其为《旧约》。

权威 能支配别人、让别人服从的地位和力量。

酶 加速生命体内各种化学变化的一种蛋白质，比如，在消化、吸收食物时发挥作用。

五感 眼（视觉）、耳（听觉）、舌（味觉）、皮肤（触觉）、鼻子（嗅觉）感受到的感觉。

琥珀 数千万年到数亿年前，松树、柏树等树木的树脂滴落，被埋在地下所形成的一种化石。

砂岩 沙砾凝固而成的岩石。

热带草原 位于热带地区的草原，有明显的丰水期和枯水期。

紫外线 太阳光的一部分。生物要在体内制造维生素D，需要紫外线的照射。

思想家 对各种各样的想法引起的问题，用自己的才智做出回答且影响他人的人。

出家 脱离日常生活，断绝一切烦恼，开启佛教的觉悟。

循环 巡游一圈后回到原来的地方，继续巡游下一圈。

蒸腾 植物体内的水分以水蒸气的形式散布到空气中的现象，同时植物会吸收周围的热量，导致温度降低。

丝绸之路 连接古代中国和西方的贸易路线。因这条路上的主要商品是中国的丝和丝织品，故名“丝绸之路”。

人口密度 计算在一定的面积内住了多少人所得到的比值。

种族歧视 根据人种、民族、国籍、地域对人进行优劣划分的行为和想法。

神道教 日本固有的民族宗教，是一种把自然界和身边的事物、伟人和祖先等作为神来祭祀的宗教。因为这个宗教信仰很多神明，所以号称有八百万神。

生物学 研究自然界生存的所有生物的学问。

圣灵 基督教三位一体（圣父、圣子、圣灵）之一。在基督教中，神是以这三种形态出现的。《圣经》中记载，耶稣的母亲玛利亚是因圣灵而怀耶稣的。

赤道 通过地心且垂直于地轴的平面与地球表面的交线。位于这条线附近的地区气温高、雨水多，这种气候被称为热带雨林气候。

原住民 比较早地住在某片土地上的族群。

绝热 同外界断绝热量交换。冬天用于防止内部热量流失，夏天用于防止外部热量进入。

哲学 思考各种事物本质的学问。

淀粉 植物利用太阳光、水、二氧化碳所产生的一种白色的碳水化合物。

发展中国家和发达国家 经济处在发展过程中的国家被称为“发展中国家”；在世界上，经济发展达到一定标准的国家被称为“发达国家”。

奴隶贸易 以奴隶为商品的贸易。16世纪，非洲的居民作为奴隶被卖到美国。奴隶没有作为人的权利与自由，被迫劳动。

日本神话 在日本流传下来的神明们的故事。

热带雨林 赤道附近一年四季气温高、雨量多的地区的森林，也被称为“热带丛林”。

发酵 由于微生物的作用，物质发生变化或分解的过程。

手势 表达某种意思时用手所做的动作和姿势。即使是同样的手势，在不同的文化中也有不同的意义。

印度教 印度的民族宗教。虽然因地域不同而有区别，但主要指以梵天（Brahma）、毗湿奴（Vishnu）与湿婆（Shiva）为三大主神的多神教。在其教义中，有一种叫种姓制度的等级制度。

服从 听从支配的人的命令和想法。

佛教 约公元前5世纪释迦牟尼（后来的佛陀）创立的宗教。佛陀是“觉悟的人”的意思。不同地区的佛教有不同的宗派。

平衡感觉 因身体所处位置的变化而引起的感觉。它可以帮助人们在运动时保持一定的姿势，使身体不倾斜或倾倒。

和平教育 宣传和平理念、培养创造和平社会的人的教育。

黑色素 形成皮肤、毛发、眼珠颜色的一种色素。

牧民 不固定居住在某片土地上，为寻找牛、羊等家畜的食物而变换居住地的人。

目　录

本章介绍的内容

眼睛的颜色/皮肤的亮度/发色/发质/年龄/耐性/癖好/身体方面的其他差异

身体的差异

说话、看书、走路……人的一切行为都需要身体配合才能完成。现在你活着也是因为有身体。身体是如此重要，在颜色、形状、大小等方面，每个人都不一样。环顾四周，也没有完全相同的两个人吧。这里，我会介绍从眼睛能看到的部位到眼睛看不到的身体内部，各种各样的身体差异。

眼睛的颜色

你知道自己眼睛的颜色吗？其实每个人眼睛的颜色都不一样，因此眼睛也被作为“表现自己个性的东西”而被重视哟。这里会介绍有代表性的眼睛的颜色和它们的机能及历史。

★这里所介绍的眼睛的颜色，是指虹膜的颜色。虹膜就是位于眼睛中心（瞳孔）周围的环形部分哟。

阳光耀眼也没关系

▶ 棕色

世界上很多人的眼睛是棕色的，有深棕色、浅棕色等，还有更细致的区分，有些看上去是黑色的眼睛其实也是棕色的。眼睛出现这种颜色，据说是为了保护眼睛免受刺眼的太阳光的照射，是*黑色素增加的缘故。因此，在*热带雨林和沙漠等阳光强烈的地区居住的人中，很多人的眼睛都是这个颜色的。

▶ 蓝色

蓝色眼睛的人也很多。实际上，有一种说法是，蓝色眼睛是由于*遗传基因突变而出现的。在遥远的一万年前，中东地区出现了拥有蓝色眼睛的人类。因为这种颜色的眼睛适应欧洲的环境，所以蓝色眼睛的人就在那里繁衍下来。据说，现在地球上拥有蓝色眼睛的人都是这些人的后代。

大家都是我的亲戚

闪耀着金色的狼之目

▶ 琥珀色

琥珀色是像*琥珀一样通透的淡黄色、褐色或红褐色。这种颜色被认为是因为诸如类胡萝卜素的脂溶性色素多而形成的。因光线的不同，这种颜色的眼睛有时也会闪耀出鲜艳的金色哟。狼的眼睛大多是琥珀色的，因此这种眼睛也被称为“狼之目”（Wolf eyes），很酷的别名。

什么颜色比较好呢？

▶ 榛子色

像榛子那样泛着朦胧红色的黄色眼睛叫榛子眸。这是一种处在棕色和绿色中间的颜色。根据阳光照射的情况不同，这种眼睛的颜色看起来也会不同，经常会被错看成其他颜色。

阴天也能看得很清楚

▶ 绿色

和深色的眼睛相比，绿色眼睛对光线更为敏感，在阴天和昏暗的地方看东西也能看得很清楚。绿色眼睛虽然在世界范围内并不多见，但在北欧等多云的地区比较常见。在阳光刺眼的晴天，拥有绿色眼睛的人需要戴上墨镜来应对。

和女神大人一样

▶ 灰色

灰色眼睛是比蓝色眼睛含有更多*黑色素的眼睛。因为灰色眼睛看起来像深蓝色的，所以也说深蓝眸。据说*希腊神话中女神雅典娜的眼睛就是这种颜色的。

▶ 紫罗兰色

充满神秘色彩的紫罗兰色是世界上非常罕见的眼睛颜色。在电影《埃及艳后》中担任主演的女演员伊丽莎白 · 泰勒的紫罗兰色眼睛吸引了众多观众。这是因为*黑色素形成的淡蓝色和血管的红色，在光的反射下混合在一起使得眼睛看起来像紫色。患有黑色素缺乏症的*白化病患者也能有这种颜色的眼睛。

能将人们迷得神魂颠倒的神秘颜色

白兔的红宝石眼睛

▶ 红色

有些人的眼睛像红宝石一样。体内几乎没有*黑色素的人被称为*“白化病患者”。他们的眼睛透出了血管的颜色，看起来就像红色的。这种眼睛容易被太阳刺伤。据说，白色兔子的眼睛是红色的，也是同样的原因。另外，因为红色眼睛能营造独特的氛围，所以将红色眼睛作为故事、美术创作等的主题来描绘的情况很多。

眼睛里有一颗闪耀的地球

▶ 地球色

这种颜色的眼睛中仿佛装着陆地和海洋——蓝色中混着渐变的棕色、黄色和橙色，看上去就像在宇宙中看到的地球。由于光线变化和光的反射，地球色的眼睛有时看起来会像青色那样熠熠生辉。拥有这种眼睛的人很少，据说概率约为几亿分之一。

双色会招来幸运

▶ 双色瞳

右眼和左眼呈现不同颜色的“双色瞳”，其实从左侧或右侧看上去，和普通人的眼睛没什么区别。天生就是这种眼睛的人很少，很多人都是因受伤或生病而变成双色瞳的。人类以外，双色瞳在白猫中比较多见。日本自古以来就有把白猫当作“幸运猫”的传说。

皮肤的亮度

人的皮肤是十人十色。这里，我会以亮度为基准来介绍肤色的差异。另外，在社会中，肤色的差异是可能导致差别对待的敏感因素。除了根据亮度来称呼肤色，还有各种各样的叫法，一起来看看吧。

历史最悠久的肤色

▶ 深黑色

肤色中最暗的是深黑色，这种肤色的人主要居住在非洲。非洲是人类的诞生地，在这里，人类从猿猴进化而来。对原始人来说，阳光（*紫外线）是其天敌。因此，这儿的人皮肤里含有大量黑色素，它们使皮肤变暗，从而保护身体。正因为他们适应环境生存了下来，才有了现在的人类社会。

这里很热

▶ 黑色

黑色皮肤多见于靠近*赤道的东南亚地区和非洲地区。特别是在赤道附近的地区，这里一年四季太阳光都很强烈，如果不保护好皮肤，就容易得皮肤癌。因此，和其他地区的人相比，在这儿生活的人的肤色比较暗。另外，棕色皮肤和棕黄色皮肤会因为日晒而变黑。皮肤的亮度不仅仅是由环境和人种决定的。

绳文人也有一样的皮肤

▶ 棕色

据推测，泰国、马来西亚等地的人的祖先是从非洲经过印度半岛而到东南亚的。他们适应了东南亚的热带雨林气候和强烈的阳光，肤色变成了棕色。据说，被称为日本人祖先之一的绳文人和东南亚的人有着同样的肤色。

▶ 棕黄色

这种肤色的人主要集中于东亚地区，比如日本和中国。这些人的天敌是被雪反射的阳光。为了保护肌肤不受反射的阳光伤害，他们的皮肤中不仅含有*黑色素，还含有黄色素——据说这是形成他们现在的棕黄色皮肤的主要原因。

要注意反射光照

▶ 偏白

居住在欧洲南部的人多为偏白皮肤。他们的祖先是穿越非洲来到阿拉伯半岛的。据说，他们来欧洲的时候，因为冰河期的影响，这里阴天很多，阳光比非洲弱，所以不需要用那么多的黑色素来保护皮肤，因此皮肤变亮了。

感受冰河期的天空

▶ 白色

居住在芬兰、挪威等地的人们皮肤非常白。这些地区的日落时间很早。为了在这种地方能有效地吸收太阳光，这里的人经过漫长的岁月适应了环境，皮肤变白了。太阳光照射过多的话会对身体有害，但如果不照射的话也对身体不好——不能产生成长所需的维生素D。

长期身处较暗的环境，肤色会变白

各种各样的叫法

这里介绍的是除了亮度，还能如何称呼不同颜色的皮肤。根据时代和场合的不同，人们对不同颜色的皮肤有各种各样的称呼。

以起源地来称呼

肤色是我们从祖先那里继承下来的保护身体的重要特征。因此，以起源（出生）地来表示自己的人群属性也是方法之一。用非洲裔、拉丁裔、亚裔等来称呼人们的人群属性而不直接提及肤色的表达方式，在美国等各种肤色的人都有的国家是很重要的。在这些国家讨论有关皮肤颜色的话题可能会导致歧视，要注意。

不能说“肤色”

以前人们是用肤色来划分人种的。所谓人种，就是根据外观特征将人区分为不同的种类。因为有过依据肤色差别对待的历史，所以近年来日本人把蜡笔之类的物品中的“肉色（肤色）”叫作“淡黄色”。世界上没有完全相同的肤色，你的肤色是你的专属颜色。不能用“肤色”来命名一种颜色。

用物品名称来称呼肤色

在日本，有用“淡橙”之类的词来代表皮肤颜色的情况。而在美国等国家，也有用物品的名称来代称肤色的。特别是化妆品中使用的关于肤色的叫法，非常有个性，比如多使用水蜜桃（peach）、橄榄（olive）、奶糖（caramel）等容易让人产生联想的物品的颜色来表示不同的肤色。

发色

人类的发色可以通过染发改变，也可以通过戴假发改变，是可以根据自己的喜好来决定的。因此，世界上有各种各样发色的人。但是，人类自然生长出来的发色并没有那么多种。你知道几种？

▶ 黑色

给人以沉稳印象的乌黑色头发，是世界上很常见的发色。居住在赤道附近等阳光强烈地区的人必须保护自己的头部免受紫外线的伤害，因此具有反射日光作用的*黑色素增加，受此影响，他们的头发就变黑了。黑发简直就像手持盾牌防御敌人攻击的战士。

▶ 棕色

棕色比黑色浅，比金色深。世界各地都能看到这种发色的人，根据地区和个人的不同，其头发呈现出不同深浅的棕色。特别是在四季变化丰富、阳光少的地区，这种情况更普遍。看上去是黑发的日本人，其实其中大部分人的头发都是棕色的。头发在光线照射下看起来很亮，就是棕色头发的证据。

从深色到浅色

▶ 红色

红发就像燃烧的火焰一样。*《红发安妮》中大家所熟知的红发，在寒冷的地球北部地区是非常常见的发色。这里的日照时间很短，为了尽可能多地吸收阳光以提供成长所需的营养，人们的皮肤逐渐变白。他们的发色变红，也是为了尽可能地吸收阳光。

▶ 金色

出生就是金发的人，全世界每50个人中只有1个。据说，金发是大约1万年前人类基因突变而产生的发色。另外，金色自古以来就是人类所憧憬的颜色。在古希腊，神明的头发也被认为是这种颜色。染成金发成为一种潮流。

▶ 白色

白色是老年人的象征发色。给头发上色的*黑色素会随着人的年龄增长而变少，头发会随之变成无色透明的，因为反射光，所以看起来很白。任何发色最后都会变成白发。白发在*白化病患者中也能看到。还有，趁雪天打猎的北极熊也拥有同样无色透明的毛。

发 质

与其他动物相比，人类的毛发较为稀少，但为了保护头部，人类长了一头浓密的头发。直发或卷发是人类在进化过程中产生的，都具有利于生存的功能。

天然的羽绒服

▶ 直发

直发的头发横切面是圆的，是一种笔直伸长的头发。直发的发丝通常比较粗，越粗的头发中间越容易出现缝隙，便于空气进入，就会像羽绒服一样保温。因此，据说，居住在寒冷地区的人的头发多为这种类型。直发是人类为了在严寒中保护自己进化的结果。

我是树叶
为了尽量收集阳光而进化成了这样

▶ 波浪发

像波浪一样弯曲的头发是波浪发。由于头发的横切面是椭圆形的，所以形成了弯曲的形状。据说，为了在日光少的地区也能高效地吸收日光，所以人类进化出了这种能增加表面积的头发。这和植物为了进行光合作用而长出很多叶子的道理是一样的。另外，根据地域和个人差异，有些波浪发看起来像直发。

▶ 细卷发

这种头发的特征是有细密的短毛。由于头发的卷曲，头发与头皮之间有较大间隙，形成空气层，使头皮的温度不会过高，炎热的日子也能舒适地度过。据说，在*赤道附近等阳光强烈的地区，人们的细卷发是为了保护头皮免受阳光照射而进化出来的。利用这种头发创造出的最有名的发型是爆炸头。

空气从缝隙通过，超舒爽

松软度上升了

▶ 螺旋卷发

卷成螺旋状的头发就是螺旋卷发。这主要是遗传造成的，有螺旋卷发的人青春期以后头发变成直发的情况很多。另外，也会有因为头皮受到大量紫外线照射，或者生活习惯的变化，发质发生改变的情况。

▶ 连珠发

连珠发的特征是头发膨胀变粗或收缩变细，因为看起来像串珠一样，所以也叫串珠发。虽然这种头发用眼睛不太能分辨出来，但摸起来比较明显，质感有点儿粗糙，有点儿像烫的卷发。据说非洲地区有很多人是这种头发。

像珠串儿一样

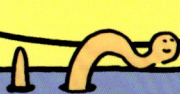

年龄

并不像蛹变成蝴蝶一样，有很明显的成长变化，人是随着年龄的增长，身体和心灵慢慢地发生变化的。从刚出生的婴儿到高寿的老人，人一直在变化着。让我们来看看在这个世界上一起生活的不同年龄阶段的人吧。

★这里以美国著名发展心理学家和精神分析学家爱利克·埃里克森（Erik H. Erikson，1902—1994）设想的发展阶段为基础进行介绍。

▶ 婴儿期（0—1岁半）

刚出生的宝宝处于婴儿期。宝宝一直哭是为了和父母沟通——通过哭闹来表达自己想要做什么。这个时期，宝宝还不会做任何事，要靠别人的照顾来培养“信赖感”。你也是在大家的帮助下长大的。

呜哇！
（快来照顾我！）

2岁
什么都想试试看！

▶ 幼儿前期（1岁半—3岁左右）

当宝宝开始学走路和说话时，进入幼儿前期，大概从1岁半开始。这是个对什么都感兴趣的阶段，无论什么事都想试一试。同时，为了增强自信，这个阶段你会不断挑战更有意义的事情。而且，对于没能做到的事情，你会萌生出“不好意思”的感觉。一个人上厕所和换衣服都是这个时候学会的，还记得吗？

▶ 幼儿后期（3—5岁左右）

最喜欢玩英雄游戏和过家家游戏的时期属于3—5岁的幼儿后期——对身边的世界抱有强烈的兴趣，开始主动挑战各种各样的事情。这时我们会有很多“为什么”这样的问题。这个阶段也是通过游戏等方式来学习失败和成功，以及其他各种东西的重要时期。一起来多多玩耍吧。

世界上有好多不可思议的事情！

▶ 学童期（5—12岁左右）

这个阶段正好处在上小学期间，被称为学童期。在学习和运动等方面，通过反复练习，你会发现“我能做到这个”，从而增加自信。所以，对于各种各样的事情，只要不断地挑战，成功的可能性就会变大。作业很麻烦！讨厌运动啊……即使这么想，也不要气馁，试着挑战一下吧！

我能做些什么？
算术
100

▶ 青少年期

（12—18岁左右）

人都要长大成人，在这之前我们会经历青少年期，会为“我是谁”“将来怎么办”等关于自身的问题而十分烦恼。这是确立自己内心世界的行为：诘问自己，相信自己选择的东西，努力前进，做好离开家人自立的准备。

身体和心理都发生了变化

▶ 青春期（12—15岁）

青春期指青少年期的前半期。这个时期是身体和心理同时成长、塑造“我是这样的人”的时期。因为成长，激素平衡会经常被打破，心理和生理状态容易变得不稳定。克服了这些烦恼，大家就都长大了。

我到底是谁?

欢迎来到新世界

▶ 成年早期

（18—40岁左右）

因家庭、学校等的存在，到目前为止，你的人际关系可以说是事先建立好的。但是，从成年早期开始，我们就进入了成人的行列，需要靠自己的力量建立新的人际关系。在这一时期，你要掌握的力量是“爱”，和家人、朋友建立长期的亲密关系会得到很多爱，也会给予很多爱。这是关系到今后的幸福人生的重要事情。

培育下一代

▶ 成年中期

（40—65岁左右）

进入成年中期后，人的视力、记忆力等身体机能会逐渐衰退。另外，把自己的时间和精力用在孩子和年轻人身上，从而感到自己的生活有意义，也是这一阶段的人的特征之一。很多人在这一阶段非常期待孩子和孙子的成长。在工作上，这一阶段是人们培养部下或者自己被委任需承担责任的工作的时期哟。

第二段人生开始了

▶ 成年晚期

（65岁以上）

被称呼“爷爷”“奶奶”的时间段是老年期，这是人类成长的最后阶段。这个时候，人会在寿命终结前回顾人生。话虽如此，但日本人的平均寿命在80岁以上，所以人生还很长呢。近些年，退休后的人生被人们称为“第二人生”。在“第二人生”阶段，很多人热衷于投身兴趣和挑战新工作。

耐 性

在应对气温、食物等来自身体外部的影响方面，任何生物都具备保护自身的能力，而这些能力很多都和人类在漫长的历史中获得的本领、“耐性”有关。当然，它们也根据生存的环境的不同而不同。你蕴藏着怎样的能力呢？

有些人的肚子不会咕噜咕噜叫

▶ 牛奶

牛奶中含有丰富的钙，但是喝多了肚子会咕噜咕噜响……其实，世界上很多人的身体都不具备分解牛奶中的一些成分的能力。每十人中大概只有一人的身体具备分解牛奶的能力。居住在北欧和西欧的人，因为从很久以前就开始经常喝牛奶，所以很多人的身体能分解牛奶。

通过锻炼得到的平衡感

▶ 交通工具

为什么一起坐在车里，有的人会晕车，有的人不晕车呢？晕车是由身体的摇晃和振动引起的，身体里负责平衡的部位摇来晃去，使人出现头晕、恶心等症状。因此，平时经常坐车的人和跳芭蕾舞等锻炼*平衡感觉的人不容易晕车。顺便一提，泰国还有“晕象”一词。

▶ 辛辣

辣椒的“辣”不是一种味觉，而是一种“痛”。辣味的东西所含的成分会刺激舌头上的神经，使人产生类似于灼烧感的痛觉。能吃辣的人，是能心情愉快地感受疼痛的“有疼痛耐性”的人。另外，一直吃辣的话，会增强和刺激这种耐性，不喜欢吃辣的人每天吃一点儿就好了。

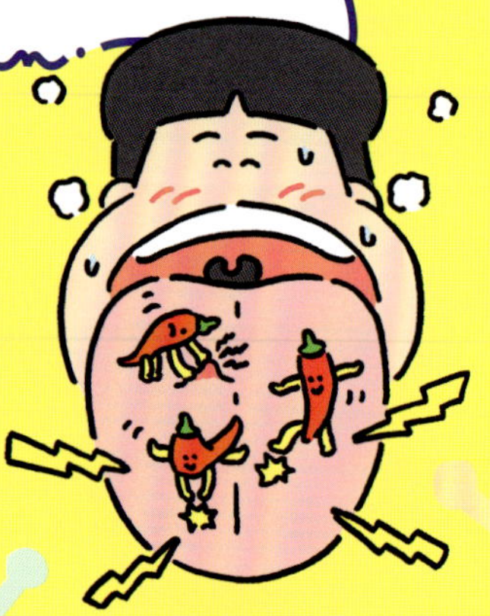

这种痛苦会让人上瘾！

爱出汗？不爱出汗？

▶ 寒冷、炎热

有擅长应对寒冷的人，也有擅长应对炎热的人。一般来说，怕冷的人不容易出汗，这样就不容易让身体产生的热量流失。相反，怕热的人则容易出汗，因为这样有利于散热。这种差异与父母双方的耐性、成长环境和个人体形等都有关系。

互相帮助而生存下来

▶ 早起型 · 夜猫子型

虽说“早起有三文之得”，但对于不喜欢早起的人来说，早起就是一种痛苦了。其实，是早起型还是夜猫子型，都是天生的。很久以前，人类周围都是猛兽之类的敌人，而有了早起型和夜猫子型两种类型的人，人类就能在不同的时间段监视周围的情况——人类因互相帮助而生存下来的历史至今仍影响着我们。

工作中的酶
酒精

▶ 酒

有酒量大的人，也有完全不能沾酒的人。两者的区别在于体内是否有大量可分解酒精的*酶。另外，因为孩子体内的这种酶很难发挥作用，所以小孩子不能喝酒。

▶ 花粉症

花粉症会导致一些人打喷嚏并流出很多鼻涕，这是由于这些人的身体把进入体内的花粉判断为“敌人”，因而想借此把花粉往外推。

阿嚏！
你体内有一个大水桶吗？

不在意的话就感觉不到太大压力

因为是被大海包围的国家

▶ 海藻

海苔、裙带菜等海藻是日本料理中不可缺少的食材。实际上，我们目前已知日本人的肠道内有能够消化海藻的特殊酶。日本被大海包围，日本人自古以来就常食用海藻，所以体内产生了这些酶。不过，海藻加热后吃的话就比较容易消化了，所以，烤海苔和味噌汤里的裙带菜，无论是谁，都可以吃。

▶ 压力

压力来自外部的刺激。尽管抗压能力因人而异，但如果一直做讨厌的和不习惯的事情，人的身体和心理都会变得不舒服。对于压力，不在意小事、乐观豁达的人耐受性强，认真、神经质的人耐受性差。

癖　好

你有什么癖好吗？癖好是在不知不觉中养成的，说不定你还没注意到呢。虽然癖好总被人认为是不好的东西，但它其实是身体发出的隐性信息。在这里，让我们通过癖好来倾听身体的声音吧。

▶ 摸头发

把头发卷起来，撩起来……很多长头发的女性都有这样的癖好，据说这是一种代替抚摩头部的动作。因此，如果感到紧张或担心，有些人就会为了寻求安慰而无意识地去触摸头发。或许，有摸头发癖好的人是撒娇精吧。另外，据说摸下巴和嘴巴也是为了得到安慰。

▶ 抖腿

你有没有突然意识到自己在抖腿的经历？抖腿是一种会被人提醒“你太没礼貌了！”的行为。一般情况下，抖腿是因为注意力集中在某件事上或心情烦躁，这时如果腿脚运动起来的话，大脑的活动就能被抑制，所以腿就擅自活动了。另外，抖腿是为了让内心平静下来而无意识地出现的，是在全世界的人身上都很常见的癖好。

▶ 咬指甲

一留心就会发现，指甲不知何时变得坑坑洼洼……咬指甲是一种人在集中注意力或紧张的时候，为了让过于活跃的大脑平静下来的癖好。它被认为是人的本能之一，很多人有这个习惯。据说，建立江户幕府的德川家康就有这个癖好。在关原之战的时候，他一直咬指甲，是紧张导致的吗？

▶ 抱胳膊

看到抱着胳膊的人，你会认为这个人很了不起吧。但是，在胸前交叉手臂的姿势其实是一种想保护自己的表现——这是在无意识地保护心脏和肺等重要的身体器官。这是一种遇到恐怖的事情或是警戒对方的时候出现的反应。这样的人虽然外表看起来很坚强，但内心可能很害怕。

▶ 连接词

“嗯”“那个”“对”等语塞的时候说出来的连接词是口头禅的一种。出现这种癖好的原因有很多：或是想着“接下来该说些什么呢？”，或者是为了刺激大脑以顺畅地说出接下来的话。此外，有的人还会因为害怕冷场而这样做。这个习惯表达了想把对话顺利接续起来的心情。

说话的润滑剂

嗯
那个
成为医生
我的梦想
帮助更多的人

喉咙发干的信号

咳！

▶ 清嗓子

无意识地清嗓子可能是因为感到紧张和有压力。人在紧张的时候唾液会变少，喉咙会变干，从而容易咳嗽。这种时候不要一下喝太多的水，要像滋润口腔一样慢慢地喝。紧张的时候试一下吧。

爽
快
咔嚓
咔嚓

不是咔嚓咔嚓地折断关节

▶ 扭关节

扭关节是一种通过扭动手指或脖子让其发出咔嚓咔嚓的响声的癖好。很多人因为这种声音带来的无法形容的快感而扭关节上瘾。这并不是折断了什么东西，而是扭动手指和脖子时关节内部的液体气泡破裂，因而发出了声音。虽然这样做不会影响健康，但是在吵架前扭关节有威胁对方的意思，所以扭关节要看时间和地点。

轻轻捏起东西时的“打招呼”

▶ 叹气

你有没有听人说过“叹气会让幸福逃走”？人在感到疲惫或失落的时候经常会叹气，但有时这也会成为一种癖好。如果无意识地频繁叹气，这可能是身体发出的“请休息！”的信号，或者是向周围的人发出的“希望你帮助我！”的心声。

内心的空气漏了出来

▶ 竖起小指

有的人在拿杯子和麦克风的时候会把小指跷起来。其实这和我们的身体构造有关系。轻轻捏东西的时候小指会跷起来，但紧紧捏住的时候就不会跷起来了。因此，与其说这是有跷小拇指的癖好，不如说是有“轻轻地捏东西的癖好”。

身体方面的其他差异

身高

有研究表明，身高不仅受遗传和后天吸收的营养影响，还受环境影响——气温越低的地区，居民的身高就越高。比如被称为“俾格米”的人，因为生活在热带森林里，为了解决食物严重缺乏的问题，更好地适应高温环境，他们的身体变得矮小、轻盈。但是，也有例外，比如居住在*热带草原地区的丁卡族人，为了让热量快速从身体中逃走，他们长着巨大的身躯。

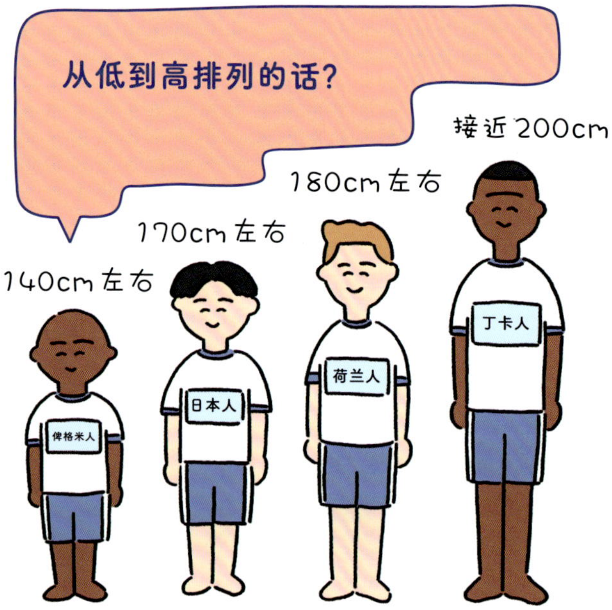

※成年男性

鼻子

为了呼吸空气，鼻子是必要的器官。冷空气直接进入肺部是非常危险的事情。因此，居住在寒冷地区的人的鼻翼会变窄、变长，这样就能让吸入的空气与鼻黏膜充分接触，使空气变暖后再进入肺部。相反，为了让空气直接进入鼻子深处，住在温暖且湿度高的地区的人，其鼻子会又塌又扁。

血型

将血液分为A型、B型、O型和AB型四种类型，是“ABO式”分类法。血液之所以如此分类，是为了防止人类灭绝：血型不同，病毒很难传播到整个人类群体中。在日本，血型经常被用作占卜和性格诊断的重要依据，但这实际上没有科学根据。

利手

写字和吃饭的时候，你用哪一只手？据说，是左利手还是右利手，主要是由*遗传决定的。大多数人是右撇子，我们的工具也多是按右撇子的使用习惯来设计的。10个人中大约只有1个人是左撇子。因此，在棒球、拳击等需要双方对抗的运动中，“左撇子”往往能做出让对手意想不到的事情，从而为自己这一队加分。

现代人正在失去的东西

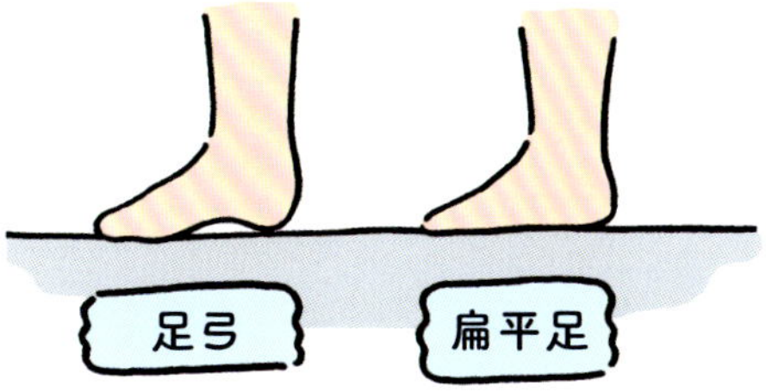

足弓

看看自己的脚底吧！如果你的脚底内侧有凹陷的地方，那么那道弓形结构就是足弓。有了足弓，身体更便于保持平衡，身姿也会变得好看。但是，随着现代人生活方式的变化，足弓低或者没有足弓的人变得越来越多。没有足弓的脚被称为扁平足。

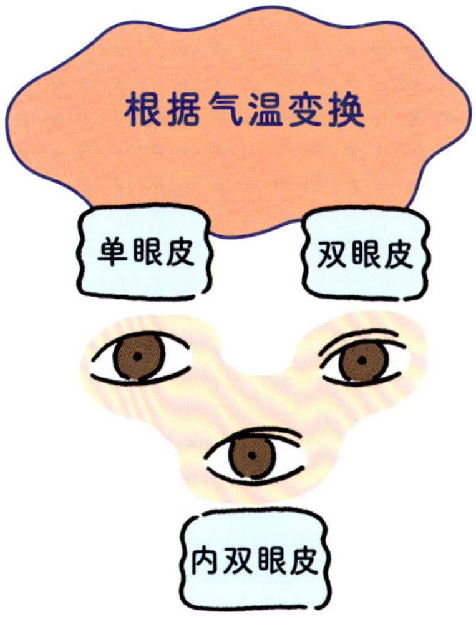

眼皮

人类为什么会出现眼皮上的差异呢？从前，一部分人住在寒冷的地区，一睁开眼睛，眼睛就会被冷气侵袭。因此，为了保护眼睛免受冷气的伤害，眼皮上的脂肪变厚，进化出了单眼皮，而他们的后代则继承了单眼皮。虽然眼皮变化是很小的差异，但这细微的变化中保存着人类进化的证据。

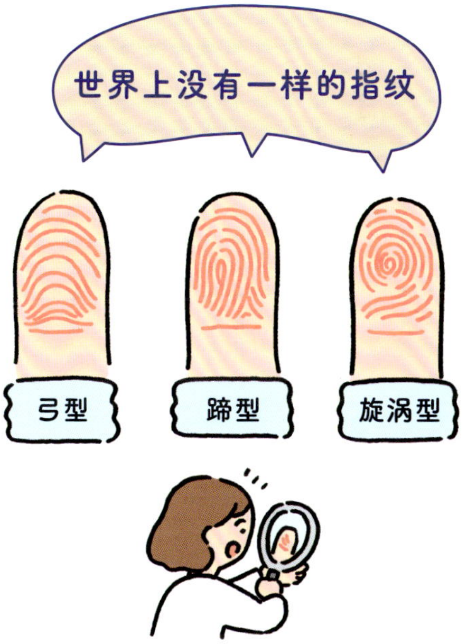

指纹

仔细看指尖内侧的话，隐约可以看到一些纹路。这些纹路叫作指纹，是为了手指在捏东西的时候不至于太滑，并且更容易感觉到指尖的刺激而产生的。指纹主要有三种类型。一个人的手指指纹形状各不相同的情况很常见，有的人一双手上能集齐三种类型的指纹。因为指纹是一个人的专属纹路，所以指纹能代替个人印章使用。

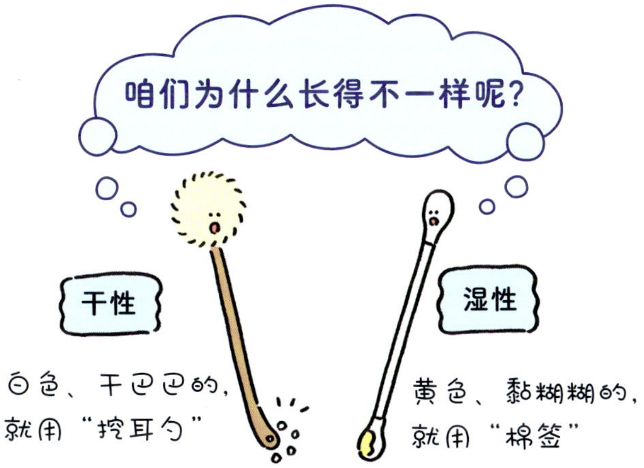

耳垢

外耳道分泌的黏状物和进入耳朵的垃圾聚集而成的耳垢分为两种：一种是干燥易碎的“干性耳垢”；一种是湿而黏的“湿性耳垢”。有些地方（如中国和日本）有“干性耳垢”的人较多，有些地方有“湿性耳垢”的人较多。有种说法是，产生干性耳垢是为了应对寒冷的环境，或为了抵抗感染。

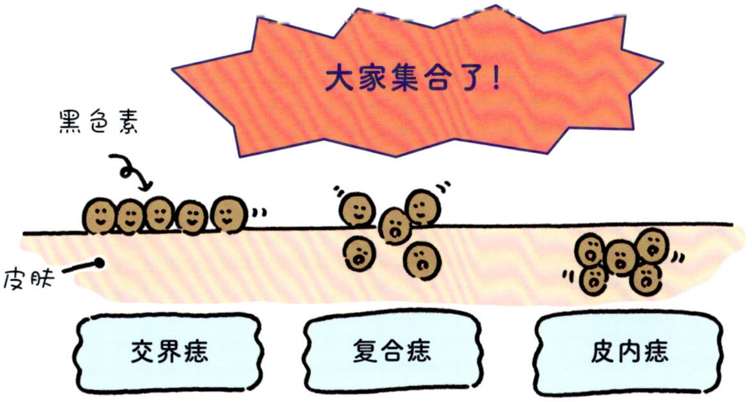

黑痣

身体各处（如脸、胳膊等部位）的黑痣一般情况下是给皮肤上色的*黑色素聚集在一处的产物。色素聚集的原因有很多，其中一种是为了保护皮肤免受日光（*紫外线）的刺激。另外，根据在皮肤中所处的深度，黑痣可以分为三种。你的痣属于哪一种呢？

本章介绍的内容

住所/饮食/衣着/职业/名字的由来/生活方式的其他差异

生活方式的差异

饿了就要吃饭，累了就得回家休息——人类为了生存下去而进行的各种活动叫作生活。即使是同一个人，环境不同，生活方式也会发生变化。例如，在寒冷的地方，环境不利于稻子生长，人们就需要大米以外的食物。在有很多猛兽出没的地方，人们就要拿着武器生活。在这里，我们一起了解一下不同环境下多姿多彩的生活方式吧。

住 所

住所是人类用来抵御风雨和阳光，保护自己不受敌人侵害，使生活更加丰富多彩的场所。世界上几乎每个地区都有人类居住，大家基本上都用身边的材料来建造房子。我们去看看不同环境中充满创意的房子吧。

▶ 冰屋

冰屋也被称为雪屋，是一种在加拿大北部等地可以看到的房子。因纽特人为了寻找鱼、海生或陆生哺乳动物，一边迁移，一边生活。他们利用随处可见的雪和冰，在任何地方都能建造房子住下来。因为雪的缝隙中储存的空气能把室内的热量封存起来，所以冰屋内的气温比室外高出4℃~15℃。

就算住在冰里面，也是暖洋洋的！

不会败给夏日的潮湿感

▶ 日本家屋

日本人的传统住宅叫作日本家屋，多使用泥土和木材建造，通气性好，适合气温和湿度都偏高的日本夏天。日本森林多，木材丰富，所以木制房子成了日本建筑的一个标志。另外，据说因为雨水多，鞋子容易被泥等弄脏，所以日本人养成了到家脱鞋的习惯。

和家畜一同生活

▶ 蒙古包

蒙古族的牧民会根据季节的变化转移到利于家畜生活的地方。因此，他们的房子就像帐篷一样，是可以组装的蒙古包。建造普通的蒙古包时，一般先搭建木制骨架，然后周围用羊毛毡包裹。两三个人合作的话，两小时左右就能搭好。移动的时候就把蒙古包的各部分拆散，再在新的地方组装。

▶ 夏波诺

住在亚马孙*热带雨林里的亚诺玛米族人的房子“夏波诺”非常大，一栋房子能住下150人左右。这种叫作“夏波诺”的房子一般建在热带雨林里的空地上，用树干和树叶围成环形建造而成。这种房子内部没有隔板，是一个巨大的圆形公共空间。因此，人们想独自待着的时候就得去外面。所处地区不同，这种房子的作用也不同。

私人空间在森林中

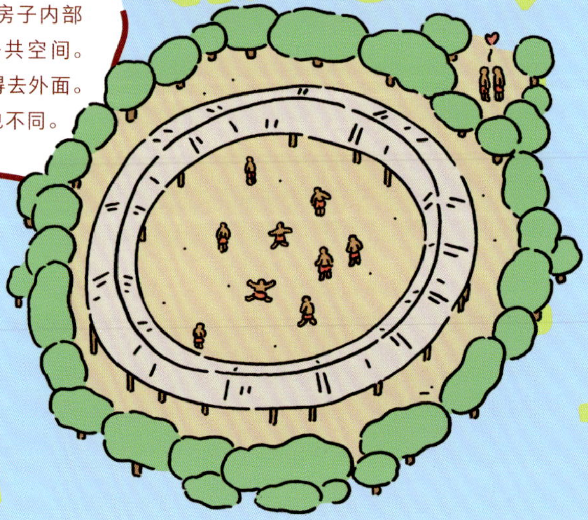

▶ 韩屋

在冬天非常寒冷的韩国，有一种叫韩屋的房子，其最大特点是有独特的取暖设施——火炕。其原理是用炉灶点火，让热腾腾的烟通过地板下面的通道使屋内变暖。因此，有腿的家具成为韩屋家具的主流，坐垫也变薄了。据说，韩国人的生活方式围绕着火炕发生了变化。

改变了生活方式的火炕?

▶ 树屋

所谓树屋，就是建在树上的房子。这种房子可以在树木繁茂的丛林中看到，其目的是保护居住者不受敌对民族、毒蛇、肉食兽等的威胁。近年来，民族之间的争斗逐渐减少，树屋的数量也随之减少。但由于其隐蔽性好这一魅力，在丛林以外的地方，人们以建造别墅和游乐场为由建造了很多树屋。

保护自身的秘密基地

欸？什么都没有？

▶ 地下的房子

非洲广阔的荒野上有很多洞穴，这些洞穴其实是人住的房子。部分柏柏尔人会在地上挖一个巨大的坑，再在它的侧面挖出一个个房间来生活。为什么要在洞穴里生活呢？这是为了躲避强烈的阳光、高温和敌人的侵袭。从远处看，洞里好像什么都没有，所以用这种房子来躲避敌人是最有效的。

不会坏的房屋的代名词

▶ 托托拉浮岛

湖上漂浮着一种浮岛，秘鲁的乌鲁族人就生活在这座浮岛上。整座浮岛都是手工制作的。乌鲁族人通过编织名为托托拉的水草，全手工制造了浮岛、房屋和房间里的家具。如果家庭成员增加，岛屿的面积还可以扩大。据说，乌鲁族人是为了躲避其他民族和侵略者才在湖上建岛生活的。

湖面上漂浮着手工作品……

▶ 砖房

在童话《三只小猪》中，直到最后都没有被狼破坏的是大家所熟知的砖瓦房子。欧洲建筑中就常常使用窑里烧制的砖。因为砖的保温和耐久性出色，砖房一旦建成，能保持几百年。因此，不仅是住所，教堂、城堡等建筑也经常使用砖来建造。

为收集雨水而发明出来的

▶ 屋顶凹陷的房子

沙漠等极端干燥的地区严重缺水。西非的塞内加尔不但雨量少，而且由于离海很近，即使挖井也只能挖出咸水……当地人为了解决缺水问题，建造了屋顶凹陷的房子：深深凹陷下去的屋顶中央有个洞，这样宝贵的雨水就能流进房屋内，从而达到蓄水的目的。

就算是用草，也能建出很棒的房子

▶ 草棚房

*赤道附近的非洲地区有着广阔的*热带草原。居住在贝迪克（Bedik）地区的人住在用草建成的草棚房里。因为这个地区很少下雨，所以贝迪克人很少担心漏雨的问题。通气性好是草棚房的特点。在一些湿气重的地区，传统上也使用稻草和茅草等植物来建造房子。

▶ 洞窟

洞穴居所总使人联想到几万年前生活在洞穴里的人。但现在，在西班牙山间也能见到洞穴居所：奎瓦斯。这种房屋通常是在*砂岩和*凝灰岩的斜面上挖掘出来的，也就是所谓的“岩石之家”。这种房子夏天凉快，冬天暖和，超舒适。作为一年四季都宜居的居所，很多人都居住在这种房子里。

看到洞窟就好想进去

堆积起的都是历史

▶ 土砖房

把泥、黏土和水混合在一起揉成泥浆，在太阳下晾晒，就会形成晒干的土砖砖块。用土砖建造的房子通气性好，有保持室内温度的效果，在白天和夜晚温差大的沙漠中非常适宜居住。

是用粪便和杂草建造的哟

▶ 牛粪屋

*热带草原地带的大部分树木都是细而矮的，找不到适合做梁柱的木材。因此，居住在热带草原的马赛人不用柱子，而是直接砌墙造房子，其所用的主要材料是杂草和牛粪。他们把杂草叠在一起做成圆形墙，再用泥土和粪便的混合物做涂层。待墙体变干之后，墙壁就砌成了！干燥的粪便是没有味道的。牛粪屋还是一种不怕雨淋的房子哟。

小房子大容量

▶ 集体住宅

如果一栋建筑里有很多住户，那它就是集体住宅。普通公寓（apartment）和高级寓所（mansion）都属于集体住宅。为了使面积有限的土地上能住更多的人，集体住宅在世界上*人口密度高的城市中心和以日本为首的国土面积有限的一些亚洲国家很常见。出乎意料的是，这种房子历史悠久，起源于古罗马时代。

像防护罩一样，会反弹热量！

▶ 白房子

西班牙、希腊等濒临地中海的地区夏天非常热！在那儿，阳光强烈、气温超过40摄氏度的日子并不少见。那个地区的房屋墙壁一般都是雪白的，因为白色能反射阳光，所以屋里面不容易变热。此外，因为湿度低，所以屋里并不潮湿，只要把热量反射出去就很舒服。

▶ 船屋

以捕鱼为生的菲律宾萨玛岛人住的房屋是船。他们乘船移动，在船上捕鱼，吃饭。船既是交通工具、工作工具，也是居住之所。在他们的生活中，船是不可缺少的东西。

一石三鸟！

▶ 房车房

像家，又像车……这样的房车房。准确地说，这不是房子，而是一种被分类为“可以居住的车”的车辆。以美国为中心，住房车房是一种很受欢迎的生活方式，布置和搬家都很轻松。房车很适合喜欢旅行、容易厌倦的人。另外，因为其方便性，日本易受灾地区采用这种方式的情况在增加哟。

带着房子搬家

大自然的力量是强大的

▶ 草屋顶房子

挪威的冬天非常寒冷，夏天阳光强烈。在屋顶铺上土种上草的“草屋顶之家”正适合这样的气候。冬天，草屋顶的*绝热效果能抵御寒冷；夏天，其*蒸腾效果能缓和暑热。近年来，日本也引进了这种方法，在大楼上种植草木的地方变得越来越多。

饮　食

人类通过饮食来补充日常生活和成长所需的营养。所以，吃几乎就等同于生活。在这里，我们将通过主食来介绍世界各地的饮食差异。

▶ 日本米（饭）

米饭是日本人的主食。它是非常优秀的热量来源，所以日本料理中有“菜是饭的好帮手”一说。味噌汤和咸菜等菜式因可搭配米饭而发展了起来。日本大米的特点是颗粒圆润、水分多，适合在雨水多、水量丰沛的东亚种植。

小米粒里蕴含大力量

被世界人民喜爱

▶ 面包

在日本，你也能吃到软面包、法式面包等。大约在8000年前，面包诞生于美索不达米亚地区。因为作为面包原料的小麦和黑麦在寒冷干燥的气候下能很好地生长，所以面包以欧洲为中心在世界上广为人知。根据地域和气候的不同，其制作方法和味道也不同，这是面包的一大特征。

食物界的
救世主

▶ 土豆

可配上咖喱食用或油炸后做成薯条吃的土豆，是一种来自南美安第斯山脉的蔬菜。土豆不仅能在贫瘠的土地上生长，而且与小麦相比，在种植面积相同的情况下，其收获量是小麦的数倍。在历史上，它曾多次帮助人们缓解农作物不足的困境。现在，在芬兰等严寒地区，土豆仍旧是主食，而且有各种各样的吃法。

经历了漫长的
旅途

▶ 面条

拉面、乌冬面等日本餐桌上不可缺少的面条都来自中国。为了让面粉熟了之后口感更好，人们发明了把面团切薄切细来吃的做法。在中国西北地区，面条是主食之一。另外，意大利面也是从中国——经由*丝绸之路传到意大利——的面条演变而来的。经历了漫长的旅行后，面条在全世界传播开来。

作为奶源被饲养

▶ 牛奶

牛奶虽然是饮料，但对于生活在非洲的马赛人来说则是主食。他们居住的地区属*热带草原地带，蔬菜在那里很难生长。因此，他们给牛吃草来培育奶牛，以牛奶和酸奶，甚至牛血等，作为食物。牛奶和牛血的营养非常丰富，那里的人基本不摄取蔬菜。喝牛奶是一种非常健康的饮食生活。

▶ 红薯

居住在巴布亚新几内亚高地的人们以红薯为主食。约300年前，火山爆发，火山灰覆盖了这片土地。含有火山灰的营养丰富的土壤和高地气候使得这儿非常适合种植红薯。当地人非常喜欢红薯，能分辨出20多种红薯。他们的饭桌上几乎都是红薯。

有火山真是太好了

神明赐予的礼物

▶ 托尔蒂亚薄饼

用玉米粉做的烤薄饼是墨西哥最常见的食物。在南美，玉米是最先被栽培的农作物，被尊崇为“神明的礼物”。用这种薄饼制作的墨西哥“达科”可是很有名的菜呢。

▶ 馒头

在幅员辽阔的中国，各地都能吃到适合当地气候的特色主食。馒头即中国的蒸馒头，在寒冷的小麦产地，人们多以它为主食。而且，馒头几乎没有味道，和一些油腻、重口味的菜式是绝配。顺便一提，日本的馒头是由中国馒头演变而来的。

日本馒头的祖先

▶ 籼米

全世界被食用的米中约八成是籼米——一种形状细长的米。在中国和东南亚，在那些整年又热又多雨的地区，籼稻被长期栽培。因为黏性差，吃起来硬硬的，所以用它来做炒饭和咖喱饭都很好吃。

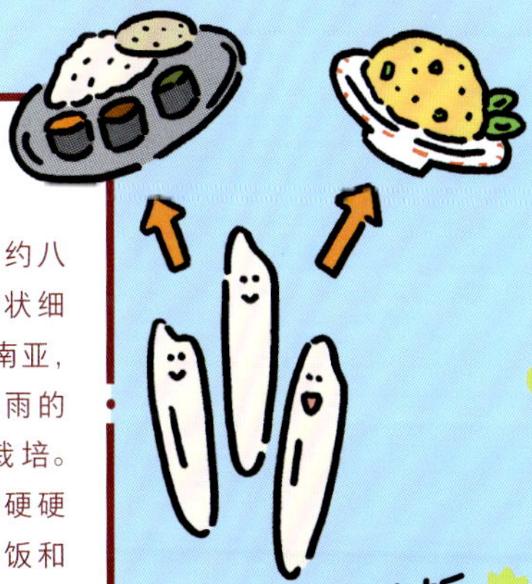
非常棒！
不管是做炒饭，还是做盖饭，都好吃！

没有这个就
没法开饭！

▶ 腓让

在日本，说到米饭的伴侣，那就是味噌汤和酱菜。但是在巴西，和米饭搭配的一般是“腓让”。“腓让”原本是“豆子”的意思，多指巴西特产的一种黑豆。此外，当地还有一种把小粒的豆子、肉类、洋葱和大蒜等一起煮的料理，也叫作“腓让”。巴西人每天都会吃这种料理，它是餐桌上不可缺少的食物哟。

不仅仅是
餐后甜品

▶ 马托基

你知道有专门做菜用的香蕉吗？非洲乌干达人的主食之一就是使用香蕉做成的香蕉饭：把熟透变黄之前的绿香蕉捣碎后揉成团，并用香蕉皮包好，蒸熟后撒上酱汁。这样做出来的香蕉饭会有类似土豆泥的松软、热乎的口感，还稍微有点儿甜。

▶ 帕佩达

生长在东南亚的西谷椰子树能在树干中储存*淀粉。西谷椰子树生长得很快，树干干燥后可作燃料使用，*发酵后可作肥料使用，被人们视作珍贵的宝物。把西谷椰子树树干中含淀粉的部分取出磨成粉，然后加配料蒸制而成的食物就是帕佩达。因为其口感和黏黏糊糊的蕨菜糕差不多，且没有味道，所以一般都和调味后的鱼汤一起食用。

就算很冷，
也要陪伴在你身边

▶ 荞麦粥

全球食用荞麦最多的国家不是日本，而是俄罗斯。因为在气候寒冷而贫瘠的土地上也能生长得很好，所以荞麦很适合在俄罗斯种植。用荞麦米做的粥是俄罗斯人喜爱的主食，总是和俄罗斯汤——圆白菜汤（Shchi）——一起被端上桌。

虽然是树，也可以是很棒的饭！

▶ 波伊（Poi）

这种食物以紫色和黏黏的口感为特征，在波利尼西亚等炎热地区都能吃到。只需把蒸好的芋头碾碎做成黏稠状，这道主食就完成了！请配着菜一起吃，或者放在薄煎饼上享用吧。因为易于消化又有营养，所以小宝宝也能吃波伊。在夏威夷，波伊被认为是非常重要而神圣的食物。

样子看起来有点儿
可怕……

▶ 福福（Fufu）

这是一种能让人呼呼一笑的、有着可爱名字的食物，其特点是口感像年糕一样松软。制作福福的原料是白薯、木薯、野薯等各种各样的薯类，这种食物在薯类生长良好的西非等地都能吃到。因为几乎没有味道，所以它要和汤、炖菜等一起食用。

因为太柔软了，让人想微笑

▶ 谷物酒

竟然还有以酒为主食的人！在埃塞俄比亚的一些地区，人们在极端干燥的环境中种植玉米，并以谷物酒为主食。据说为了将营养快速吸收到身体里，当地人并非以面包等固体食物为主食，而是以液体为主食。其缺点是消化快，肚子很快就会饿，得通过大量饮酒来满足肚子的需求和身体对营养的需求。

我可不是个酒鬼哟

这是馕吗？

▶ 印度烤饼（Chapati）

说起印度的主食，人们往往会认为是馕，但其实是一种被称为“Chapati”的烤饼。它和普通的烤饼不同，无须发酵，直接在铁板上烤，所以形状很扁。与需要发酵的馕相比，制作这种烤饼既省事又省钱，所以它成了印度人的主食。它可以撕碎后蘸着咖喱和汤吃哟。

▶ 猴子

尼泊尔的拉乌特族人居住在喜马拉雅山脉之间，以猴子肉为主食。他们没有土地，为了寻找野生猴子，需要每两个月迁移一次。他们把猴子肉作为主食的理由是猴子肉好吃。他们最喜欢猴子肉，几乎不吃其他动物的肉是他们的规矩哟。虽然现在吃猴子肉的人越来越少了，但是在有吃猴子肉风俗的地方，这种人还很多。

既然没有蔬菜，
就吃生肉吧

▶ 海豹

住在加拿大北部等寒冷地区的因纽特人的美食竟然是海豹的生肉！他们一年中的大部分时间都是在被冰雪包围的严寒中度过的，周围没有树和草，不能生火做饭。另外，由于不能培育蔬菜，所以他们通过生吃海豹肉来摄取生存所需的营养（维生素等）。

因为这是他们最爱的食物

衣着

从可爱的衣服到独特的衣服，人们每天都理所当然地穿衣打扮。世界上有各种各样的衣服。但是，人们穿衣服并不仅仅是为了打扮。让我们在这里了解一下隐藏在衣服中的便利功能和意义吧。

▶ 防寒衣

在阿拉斯加等偏僻地区，人类的大敌是寒冷的气候。住在这里的因纽特人用海豹的毛皮做了一种被称为“anorak”的防寒外套。据说在原始时代，人类最初制作的衣服也是抵御寒冷的毛皮衣服。人类是借助动物的力量来弥补自身的不足进而生存下来的。

借助动物的力量

▶ 腰裙

因为炎热和潮湿，在离赤道很近的*热带雨林地区，裸着上身的人不在少数。居住在密克罗尼西亚群岛上的人的服装是用树叶拼接而成的腰裙。在那里，腰部以上什么都不穿是很普遍的，女性可以露出胸部，这并不可耻。但是，露腿会被认为是羞耻的事，所以长长的腰裙是不可缺少的。

容易热的部位
就裸着吧！

无论什么季节都
可以穿哟

▶ 和服

在夏天和冬天温差较大的地区，通常存在某种无论气温高低都能穿的衣服。日本的传统服装“和服”就是其中之一。因为其袖子是敞开的，所以通气性很好，很适合夏天潮湿的气候。到了冬天，则可以叠穿很多层。和服是一种花了很多心思的、可配合春夏秋冬的不同气候随机应变地搭配的衣服。

▶ 埃及袍子

所谓埃及袍子，即因金字塔而为人们所熟悉的埃及人穿的服装，一般指白色、茶色或黑色的宽松袍子。也有人穿这种袍子时会搭配缠头巾。对于住在沙漠附近的埃及人来说，最重要的是，衣服的通风性要好，并且不透光。因此，能将身体完全覆盖、袖口和下摆等部位宽松的埃及袍子成为当地的主流服装。

衣服里面
是这个风格哟

能和马匹友好相处的衣服

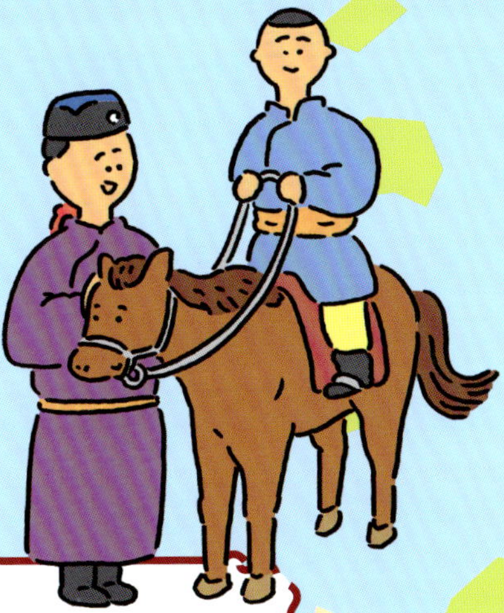

红色的身体——土的颜色

▶ 德勒

蒙古族的衣服是能跨越寒冷冬天的暖和袍子“德勒”。对于*牧民来说，马就是他们的代步工具，为了容易跨上马，他们的衣服变成了方便张开腿的样式。另外，为了不伤到马，其服装还要设法不使用金属纽扣等饰物。牧民的“德勒”可以说是一种充分考虑了与之一起生活的马而制作的衣服。

▶ 红土

世界各地的人把各种各样的材料做成衣服。而非洲的辛巴族女性的衣服竟然是红土：把油脂混合在红土中，充分地涂在皮肤上。这种做法有防晒、防干燥、除虫等多种功效。在湿度低的*热带草原上，红土很快就会被晒干。她们会给变红的皮肤配上色彩鲜艳的饰品，享受时尚的乐趣。

这么华丽是有原因的……

▶ 沃夏特（war shirt）

说到对美洲土著人的印象，就会想到被称为“沃夏特”的上衣和羽毛头饰。对他们来说，这是勇敢的战士的证明。其头饰上的每一片羽毛都代表着佩戴者立下的汗马功劳，标志着其拥有守护战士的力量。除此之外，非洲阿坎族的国王所穿的“肯特”等服饰也有同样的功能。这种以华丽的服装来表现权力的文化，在世界各地都能见到。

羽毛代表勇敢

▶ 考尔特（kolt）

人会不会在暴风雪中迷路呢？解决了这种担忧的就是萨米人的衣服“考尔特”。萨米人是在寒冷的北欧饲养驯鹿的民族。他们的衣服以蓝色打底，配以红色和黄色的镶边，色彩非常鲜艳，在雪中很显眼，能很清楚地被看到。这种服装不仅可爱，还是为了生存而设计的衣服。

不输给
全球化哟

▶ 帼（Gho）和旗拉（Kira）

在被称为“世界上最幸福的国家”之一的不丹，男性的传统服装是类似日本和服的长袍“帼”，女性则穿着用大长方形布做成的“旗拉”度过每一天。不丹举国上下都很重视传统文化，在公开场合穿民族服装是他们的规定。也许，引入新事物并不一定是件幸福的事情呢。

▶ 惠皮尔（huipil）

惠皮尔是中南美地区女性的传统服装。据说它是一种手工制作的衣服，由母亲向女儿传授制作方法，其传承方式从古代玛雅文明时期到现在一直没有改变过。因为衣服的颜色和花纹是根据其所在村庄和部落决定的，所以有些人一辈子都穿着花纹相同的衣服。这是与“穿腻了就买新的吧！”正好相反的穿衣思维。

传承技艺的挑战

舍弃欲望的话，
也就舍弃了衣服

▶ 袈裟

袈裟指的是和尚穿的衣服，其起源于印度——*佛教的诞生地——僧侣身上的布。“袈裟”的意思是“破布”，最初指“为了舍弃一切欲望，僧人们丢弃身外之物、收集破布而制成的衣服”。据说袈裟之所以采用暗淡的黄色，是因为它与破布的颜色相似。

▶ 莎丽服

莎丽服原指“细长的布”，是印度人的传统服装以及印度女性的日常服装，也是被印度的宗教*印度教认可的服装。在身份地位泾渭分明的印度，人们从穿着就能知道每个人的出身和身份。作为日常服装，莎丽服可以有效隐藏穿者的身份，所以流行于整个印度。

能同时
隐藏身体
和身份的衣服

没有衣服穿的话，
就来烤火吧

▶ 裸体

住在南极附近的雅玛纳人是裸着身子生活的。因为当地雨多风大，所以非常冷！这种时候本应该多穿衣服……但他们并没有这样做，而是选择大家一起烤火取暖。这是因为他们没有遮风挡雨的房子，而下雨后如果穿着湿衣服，体温就会被强风一下子夺走。在严酷的气候中，他们只能选择光着身子忍耐。

▶ 裙子

你以为裙子是女人的衣服吗？那可能是错误的哟。男性最初的服装基本上就是一块布，和裙子非常相似。但是，后来为了方便骑马，裤子在男性中间变得非常流行！从此裤子就成了男装的标志。其实，不管人们穿过什么样的衣服，都不足为奇。

最开始是一块布

简单的一直都是最好的！

期待你们的未来！

▶ 学兰服

世界各地的学校几乎都有自己的学生制服。其中，学兰服作为日本男学生的校服而闻名。学兰服以明治时代日本陆军的军服为模板设计而成。在那个时代，能够作为学生学习的人只是极少数，因为他们是“肩负日本未来的宝贵人才”，所以其制服采用了军队里大人物穿的军服的设计。

▶ T恤

T恤就是展开时看起来像字母“T”的短袖。作为简单、方便活动的衣服而受欢迎的T恤曾是船员们的内衣：轻便易动，不仅能当毛巾，危急时刻还能作为白旗呼救，非常方便。在那之后，因为演员们经常在电影里穿T恤，使得其在年轻人中很有人气，于是在全世界流行开来。

锵锵！

商务人士的『战斗』服

▶ 牛仔裤

牛仔裤原本是工人的工作服。19世纪美国出现淘金热，在矿区工作的人们有个烦恼：裤子很快就会破掉。于是，做裤子的厂家用帆布和牛仔布做出了结实的裤子，结果大受欢迎，这就是牛仔裤。之后，它作为时尚的标志被各国引进，成为全球流行的经典服饰。

劳动者的朋友

▶ 西装

说到商务人士的衣服，当然是笔挺的西装。西装是在工作或婚礼等需要注重礼仪的场合穿的衣服。据说，西装原本是英国贵族在休息时放松身心穿的衣服。但是，这种西装风格在美国作为商务服装被使用之后人气飙升，成为商务场合的制服并在世界范围内成为定式。

职　业

有擅长计算的人，有擅长画画的人，有跑得快的人……大家都有各自不同的特长。通过活用自己的特长，人类把很多一个人做不到的事情变成了可能。从这儿开始，让我们通过职业来看看人类是如何相互帮助的。

▶ 商人

商人原指通过交换物品来赚钱的人。在古代，商人沿着*丝绸之路做买卖，将世界联结了起来。现在的商人或是卖自己公司生产的产品，或是在超市等场所售卖人们生活必需的东西，起到了联结社会和公司、服务大家的作用。

把世界联结起来的人

▶ 猎人

猎人指通过掌握各种技术、使用弓箭或利用动物等捕捉野兽谋生的人，其职业历史与人类的历史等长。对人类来说，肉自古以来就是佳肴。此外，动物的毛皮和骨头也是人类赖以生存的工具。从原始社会起，人类就开始靠打猎生存。因为得到了动物的生命，人类才生存了下来。

接受自然的馈赠

▶ 农民

农民是世界性的职业之一，培育蔬菜和家畜是其主要工作。如果只依靠易受自然环境影响的狩猎和采集生活，人类就无法安稳地吃饱饭，所以农民的目标是创造可通过农业有计划地得到食物的生存环境。我们每天都能吃到各种各样的蔬菜和肉，都是托了农民的福。

为了保卫生命！

▶ 医生

医生指以治疗伤痛和疾病为职业的人。除了救治病人的医生，还有为了医学的进步每天从事医学研究的医生。据说，在医学尚不发达的绳文时代，日本人的平均寿命为15岁左右。随着医学的进步，人类的寿命被延长，有了更加丰富多彩的人生。

生活要有计划

战斗即生命

▶ 战士

战士的职责是为保卫国家和同胞而战斗。现在，人类之间的战斗仍以战争和纷争的形式持续着。人类的对手不仅包括自身，还包括其他的生物和灾害等，人类是和各种各样的对手战斗着而生存的。在日本和其他一些国家，有和危险做斗争的警察和消防员，也有军队之类的机构，能够提供适合现代战士的工作。

烦恼和担忧都烟消云散

▶ 宗教家

让人类感到恐惧的东西之一是“不安”。例如，人类会有“死了的话会怎么样”“将来怎么办”等各种烦恼。在这种情况下，宗教家的作用就是依靠宗教的教导来缓解人类的不安。另外，给宝宝起名、参加葬礼等生活活动也是其工作之一。他们在精神上支撑着他人的人生。

大众意见的总结者

▶ 政治家

人类是以国家和民族为单位集体生活的。因为集体中有各种各样的人，如果不制定社会规则的话，情况就会变得一团糟。政治家的工作就是代表大众做事：制定法律，与外国进行对话，推进政策，建设适合居住的城市……要做的事情有很多。

生活是丰富多彩的

▶ 艺术家

以创作电影、小说和绘画等为职业的人被称为艺术家。那些在石器时代负责制作献给神的供品——绘画和器皿——的人被认为是艺术家的前身。现在，艺术家最大的作用是通过创作作品给人们的生活带来色彩和刺激，以创造新的文化。如果没有艺术，这个世界也许会很无聊。

创造便于生活的社会

▶ 工匠

人类是通过灵活运用各种各样的工具，创造出必需品而发展起来的物种。制作工具和生活必需品的，是专业的制造工匠。房子、器皿、用来制作物品的锯子、美味的面包、点心、传统工艺……通过同时发展工具和技术，工匠们创造了生活方便而丰富的世界。

名字的由来

名字原本是为了和他人进行区分而人为增加的标记。但是，不知不觉间，它变成了含有意义和想法的特别的东西。如果从世界范围看，把意义藏进名字的方式可谓多种多样。你的名字是怎么来的呢？

▶ 占卜

世界上很多地方有通过占卜起名字的文化。姓名占卜在日本很受欢迎，是一种利用汉字的笔画等来占卜将来、给孩子取合适名字的方法。日本人认为，名字对孩子来说很重要。正因为起名字是如此重大的决断，人们总想尽可能地依赖可以依赖的事物。重视孩子的心理，或许就是人们依赖占卜的理由吧。

希望孩子那样生活

▶ 理想的人生

在日本，很多名字中都包含着家人希望孩子“过这样的人生”的愿望。“希望你活得干净，所以叫‘清’吧”“愿你怀着希望美丽成长，所以叫‘望美’吧”等，这些名字都是有意义的汉字和词语。因为语言中蕴含着无形的力量，名字的意义被认为是会左右人生的因素之一。

得到神明的加持

▶ 圣人和天使

在*基督教国家，人们经常以《圣经》中出现的圣人或天使的名字给孩子命名。据说这叫洗礼名，有受到神的祝福和保佑的意思。美国人经常取的“迈克尔”就是大天使米迦勒的名字的英语发音，其对应的法语名字是“米歇尔”，对应的德语名字则是“米夏埃尔”。根据语言的不同，同一个名字的读音也会发生变化哟。

一定能变得像那个人一样

▶ 名人

如果父母有“希望孩子能像名人一样伟大！”这样的愿望，就会给自己的孩子取名人的名字。比如，意为皇帝的“恺撒”一名来源于古罗马政治家恺撒大帝。一个人的名字被别人拿去起名字，也是其伟大的一种证明。

把名字寄托在大自然里

▶ 大自然

大自然对于人类来说是既亲近又特别的东西，因此，世界上有很多人用大自然中的事物来起名字。比如，在夏威夷语中，“aina”这个名字有“大地”的意思，“nalu”有“波浪”的意思。在日本，也有希望孩子拥有像大海一样宽广的胸怀而取名“海”的情况。

肮脏的东西是护身符

▶ 肮脏的东西

也有一些人故意给孩子起不好听的名字。北海道的阿伊努人给孩子起的名字是“湿屎”“屎块”等，全是些“不得了”的东西。其理由是，这样孩子会“被恶魔和邪恶的东西所讨厌”。故意取不好听的名字是为了不让坏的东西靠近孩子。在日本，这种名字一般只使用到9岁左右，因为这时孩子的死亡率会下降。

保护家族的证明

▶ 父亲的名字

在美国等欧美国家，孩子可以直接继承父亲的名字。在这种情况下，在父亲的名字后加上“Jr”（小）就是孩子的名字。重视家族的他们认为，继承家族的名字就能保护家族。在日本，虽然法律禁止给孩子取和父母一样的名字，但是名字里带一个一样的汉字是允许的。

你的名字是星期几？

▶ 出生星期

比起出生日期，住在西非的人更重视“出生星期”。在取了本名之后，他们还会根据孩子出生那天是星期几来取出生星期名。其理由是，出生的星期代表着孩子的命运。例如，星期一出生的男孩叫“Kwadwo”，女孩叫“Adwoa”，一听名字就能知道是星期几出生的。

容易记住的是最好的

▶ 出生顺序

也有人给孩子起一郎、二郎、三郎等带有数字的名字。这是“辈分名”，即表示兄弟出生顺序的名字。在日本，这种方法从平安时代开始就被广泛使用。古代罗马也有类似的名字，比如Primus（第一）、Secundus（第二）、Tertius（第三）。因为容易记，所以这是全世界都在使用的命名方法。

生活方式的其他差异

洗澡

在当地没有泡澡文化的人看来，日本的公共澡堂和温泉，以及泡澡的习惯，是很奇怪的。对于欧美人来说，洗澡就是个人快速淋浴。即使是家人，也几乎不会一起泡在同一个浴缸里。

休息的方法

说起午休，在日本一般指中午休息1个小时左右。但是，西班牙有一种“午睡”文化，即从下午1点开始，有长达3个小时左右的休息时间。有一种解释是，夏天西班牙白天非常热，所以在阳光变弱之前要好好休息。其他炎热地区也有类似的习俗。

洗手

“一回家就洗手”对于预防感冒是很重要的。洗手通常是用水洗的，但是在沙漠国家阿尔及利亚，水是贵重物品，所以人们用沙子代替水来洗手。沙子乍一看很脏，但沙漠里的沙子是几乎没有细菌的干净沙子。用干净的沙子使劲儿摩擦手，也能把细菌洗掉。

进食法

用餐时的餐具和进食法因地区而异。在东亚，人们用筷子夹食物吃；在欧美，人们用叉子叉食物吃；在非洲等地，人们一般都用手指抓食物吃。各地进食法如此不同的原因之一是食材不同：为了方便夹取各种食材，人们发明了适合不同食材的进食法。

坐姿

使用榻榻米时，正式的坐姿是跪坐，但其实只有在日本人们才会如此。在其他国家，坐在地板上时通常是盘腿坐或支起一条腿坐。当然，也有坐在椅子上的。根据国家和地区的不同，正式的坐姿也不同。顺便一提，在韩国，男性盘腿坐、女性支起一条腿坐是一种礼仪。即使只是简单的坐下这个动作，国家不同，其意义也有所不同。要注意哟。

这不是不懂礼貌哟

大家一起逃，
离他远远的！

游戏

对孩子来说，玩耍是一种能在享受快乐的同时培养体力和社会性的重要活动。在世界各地都很受欢迎的游戏之一就是捉人游戏。它在美国被称为“tag”，在中国被称为“老鹰抓小鸡”。虽然名字不同，但游戏的基本规则是一样的。即使语言不通，大家也能乐在其中。

清扫

在不用上学的星期日，房间脏了的话会想打扫吧？但是，这在德国是被禁止的，他们对于“星期日是安静休息的日子”的意识非常强。这是*基督教中的“安息日”教诲——星期天应该好好休息——的遗风。因此，星期日打扫卫生时发出很大声音的话，会被周围的人骂“吵死了！”哟。

星期天要安静点儿
轰隆隆

洗衣服

晾晒衣服的方法有很多，不仅限于日晒和风吹。在日光少、寒冷的日子多的地区，气温有时会降到－50℃。因此，要想让衣服变干，首先要让衣服在室外冻成冰，等衣服上的水分冻结之后，再把冰块戳碎，这样衣服就干了。这是自古流传下来的生活智慧。

冻结实了呢

本章介绍的内容

打招呼/感谢/道歉/喜欢/愤怒/交流方式的其他差异

交流方式的差异

除了每天使用而不自知的语言和文字，人类还通过表情、动作、歌曲等进行交流。由于各地区情况不同，一个地方总会有一些其他地区的人难以理解的交流方式，但这都是当地人为了一起生活而发明的。在这里，我将介绍一下世界各地不同的交流方式。

打招呼

人与人见面时，首先要做的事情就是打招呼。在日本，人们会一边说“你好”，一边行礼。打招呼是一种问候方式，包含着尊敬对方、祝福对方的心情，是很有人情味的交流。试着使用各种各样的方式来打招呼吧。

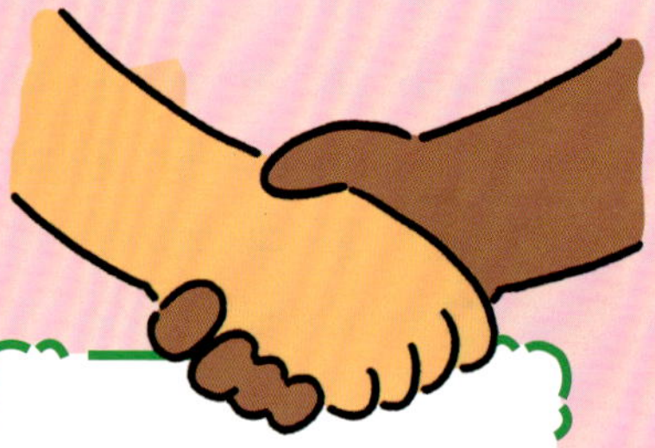
表示没有带武器

▶ 握手

握手是世界上最时髦的问候方式之一，是从向对方伸出惯用手、表示没有隐藏武器的手势中诞生的。在西班牙握手的动作要短促而有力，在法国要握得轻而迅速，在巴西则要握得长久而有力，这是礼仪。即使是同样的问候方式，也要根据地区的不同而区别使用。

今天也是好天气呢

▶ 你好

“你好”这一日本人常用的问候语是“今天天气真好啊（こんにちはいいお天気ですね）”或“今天心情怎么样(こんにちはご機嫌いかが)”的简短形式。所以，其正确的写法应该是“こんにち‘は[1]’”，而不是“こんにち‘わ’”。同样的，晚上的问候“晚上好（こんばんは）”，也是“今晚（こんばんは）……”的简短形式。因为是每天都使用的语言，所以进行简化后更方便使用。

1 在日语中，“は”有表示叙述主题的意思。——译者注

向神明大人打招呼

▶ 鞠躬

这种礼仪在中国等东亚国家很常见，以日本为首。它不仅仅是一种问候，还有各种各样的意义，如谢罪和致谢等。以前，在带刀是件平常事情的时代，日本人行礼时会伸出自己的脖子，以表示对对方没有敌意。后来，鞠躬作为尊敬对方的一种礼节固定了下来。

赌上性命的问候
鞠躬

▶ 二礼二拍手一礼

在日本，参拜神社的时候要行“二礼二拍手一礼”。首先行两次鞠躬礼，然后拍两次手，最后再行一次礼。鞠躬是为了表示对神的感谢，拍手是为了驱走邪气，同时还有向神明告知自己来参拜的意思。让我们带着感谢的心情，一起用心去感受吧。

▶ 合掌

在印度，右手表示佛的漂亮的手，左手表示人的不净的手。右手和左手在胸前合十的合掌动作，原本是在拜佛陀或菩萨时用的，意指神或佛与人合为一体。在那里，一边合掌，一边对对方说“我敬你”，是对对方最高级别的问候。

佛与人合一的手势

▶ 吃饭了吗？

以前，在日本经常能听到这样的问候语：“吃饭了吗？”这种问候现在也在柬埔寨和缅甸等亚洲国家使用哟。这是朋友等关系亲密的人之间使用的问候方式。一种说法是，这是食物不充足时代流传下来的习惯，人们通过询问对方是否吃过饭来确认其是否精力充沛，是体贴对方的亲切问候。

吃过饭是精力
充沛的证明！

嗅嗅
分享对彼此的
思念

▶ 闻气味

草原地区传统的问候方式是年长的人抱住年幼的人，彼此嗅对方的气味。广阔的草原上，对于在各种各样的地方一边迁移一边生活的牧民而言，和熟人、朋友再会是件很难得的事情。正因如此，人们才会痛快地拥抱在一起，互相闻对方的气味，分享相遇的喜悦和思念。

驱邪的魔法
呸！

▶ 吐口水

在日本，朝人吐唾沫是一种把对方当成傻瓜的行为。但是，东非的基库尤人有向对方的手掌吐口水的习俗。对他们来说，唾液有辟邪的作用，他们是带着“希望有好事发生”的心情向对方吐口水的。即使是相同的行为，也会因地区的不同而有各种各样的意义。

哇哈哈！
笑之门会
带来福气
哇哈哈！

▶ 笑一笑

住在加拿大北部的因纽特人的问候方式是“哇哈哈！”地大笑。是因为那里的人性格开朗吗？其实，这是他们的关怀方式。即使第一次见面时感到紧张，只要笑一笑，那种不安就会烟消云散。用笑容说话，有消除彼此的不安的效果哟。第一次见面时越感到紧张，越要用最好的笑容和对方说话。

▶ 跳起

客人来了就跳起来！马赛人以垂直向天空跳起的方式来欢迎客人。在那里，跳跃被认为是模仿在*热带草原上栖息的长颈鹿和鸵鸟的美丽姿态的行为。因此，在马赛族中，跳得高的男性能受到其他男性的尊敬，对女性也有很大的吸引力。

咻
比任何人都高！
比任何人都美！

共同呼吸，感受先祖
先祖

▶ 蹭鼻子

新西兰的土著毛利人以传统碰鼻礼欢迎客人。这是在通过共享彼此拥有的空气，和祖先打招呼，表示代表全体毛利人和全部土地来迎接客人。通过碰鼻礼表示和对方共同呼吸和生存，是很有心意的问候哟。

幸福的白色淋浴

▶ 喷牛奶

如果被喷一脸牛奶，你会怎么想？在埃塞俄比亚的某个民族中，这是堂堂正正的问候方式，有通过喷牛奶给对方带来幸福的意思。在那里，遇到这种情况不要回避，要微笑着接受。相信你一定能度过幸福的一天。

▶ 罗莎科

你知道"座右铭"是什么吗？就是对一个人的人生而言最重要的话语。居住在非洲刚果的蒙戈族人见到长辈时会说"罗莎科"，长辈听到后会把自己的座右铭告诉对方。被人以"罗莎科"问候，是被对方尊敬的标志。在那里，被人以这句话问候的话，会很令人开心哟。

人
这样就能给对方
留下印象了

▶ 交换名片

交换名片是一种在世界各地的商务场合通用的问候方式。和其他公司的人或客人初次见面时，要用名片进行自我介绍。在日本，递名片关系着彼此的第一印象和之后的工作，有非常详细的规则。日本人在礼仪方面的讲究看起来很简单，其实很深奥。

就算象牙很重，
大象也从不抱怨

对你来说，
最重要的一句话是什么？

▶ 马诺波（Mano po）

在菲律宾，见到长辈时要说“马诺波”打招呼，同时用自己的右手握住对方的右手，把对方的手背贴在自己的额头上。这是“拜托您了”的意思，表示对年长者的尊敬，也有从对方那里得到祝福的意思。这种对老人表示尊敬的问候方式充满了菲律宾式礼仪感。

得到祝福的方式

不是恶魔哟！

▶ 吐舌头

在日本，吐舌头是向对方表示“你是坏人”的行为，所以这样做会惹对方生气。但是，在中国西藏，其含义却恰恰相反。吐舌头是西藏人对人表示尊敬的问候方式。一种说法是，这是为了表示自己不是拥有漆黑舌头的恶魔转世。这绝对不是在开玩笑哟。

服从命令！

▶ 举手敬礼

举手敬礼是一种立正后将一只手举至额头处表示恭敬的礼仪。各国军人几乎都使用这种问候方式。在日本，自卫队、警察、消防队等都使用这种礼仪。据说，此礼仪源自中世纪欧洲的盔甲骑士，他们在和长辈见面的时候会举手掀开面罩。举手敬礼带有尊敬的意思，是用来表示没有敌意的问候方式哟。

摘帽子表示放下权威
戴紧帽子表示尊重

▶ 摘帽子

在日本等国家，打招呼的时候摘帽子是一种礼仪。这是因为以王冠为代表的戴在头上的东西一直被视为*权威的象征，所以摘帽子（放下权威）是在向对方表示敬意。但也有游牧民族的礼仪与此完全相反：越是正式的场合，帽子越要戴得紧。

用剑投出去的飞吻

▶ 萨利（salute）

在中世纪的欧洲，击剑是骑士们为了保护自身安全和名誉而使用的剑术。比赛开始前，按照规定，参赛者要用剑向对手、裁判和观众投出像飞吻一样的动作“萨利”来打招呼。这是对观看击剑比赛的观众以及战斗对手的勇气表示敬意和感谢的问候。

感谢

在生活中，很多时候我们需要感谢别人，比如从别人那里得到了什么帮助或物品时。传达谢意的方法有很多哟。在这里，让我们比较一下世界上各种各样的感谢方式吧。

▶ 我开动了

这是只有日本人才会使用的问候语。你知道“我开动了”有两层含义吗？首先，这是在感谢获取食材的人和做料理的人。其次，它还表示对所吃食材的感谢——谢谢你的生命。这是一句包含了多种感谢的敬语。

我开动了
感谢生命

▶ 撕包装纸

在美国，当场把包裹礼物的漂亮包装纸撕下来，兴奋地打开礼物，是一种表示喜悦和感谢的礼仪。不慌不忙地拆礼物，会被认为对里面的东西没有期待。然而，在菲律宾，当场打开礼物会被认为是贪婪的表现，事后打开并表达感谢才是礼貌的。你喜欢哪种方式呢？

高兴得按捺不住了
礼物

这包含着对一年的感谢

▶ 什么也不说

虽然这在日本难以想象，但日本确实有不说“谢谢”的地区。在印度，越是亲近的人，越不会对彼此说“谢谢”。听到“谢谢”时，他们会觉得“为什么这么见外？”。他们认为，大家互相都给对方添了很多麻烦，所以就抱着互相帮助的心情一起生活吧。

根本不需要语言，对吧？
是压岁钱哟

▶ 生日会

在德国，举办生日会是非常重要的活动。策划派对的，是迎来生日的人。这一天是邀请亲近的人、向他们传达自己又平安度过了一年的表示感谢的日子。有人会为此举行盛大的派对。

向掌管农业的神明致敬

▶ 手刀

你见过在相扑比赛中获胜的力士面对白色袋子里的奖金，按照左、右、中的顺序，用手"哧哧哧"地在空中做出劈开的动作吗？这是相扑的礼仪之一，叫作"手刀"。相扑原本是一种为了向农业之神祈祷农作物丰收而举行的活动，手刀礼仪是为了表示对神明的感谢之情。

驾驶时也不能忘了礼仪

▶ 感谢车灯

警示灯是在驾驶汽车时告知过往车辆有危险时使用的灯。对于因为这个灯而让路的车，有时驾驶者会以"谢谢"的心情让车灯闪烁两三下。据说，这是德国的卡车司机最先使用的，不是正式的规则。除此之外，还有轻轻按喇叭等各种各样的感谢方式哟。

欠的这份情，我会还的

▶ 奥布里加（obrigado）

在不同的语言中，表示感谢的词语的语源也不相同。葡萄牙语"obrigado"（感谢）的本意是"义务"，意思是"自己承担、负责"。这一词语包含了"欠你的，一定会还给你"的意思，是愿好事围绕着对方、给对方回礼的意思。

无论是赢还是输……

▶ 交换运动服

在足球比赛中，有时比赛结束后双方球员会交换球衣。这是一种称赞彼此的奋斗的感谢之礼。这种礼仪最早开始于1931年法国和英国的比赛。当时首次战胜英国强队的法国选手，为了感谢对手和比赛，提出了交换球衣的请求。无论输赢，坦率地赞美对方的姿态都是极好的。

希望能悄悄地传达

▶ "真棒"按钮

对于公认的普遍爱害羞的芬兰人来说，表达感谢之情是非常需要勇气的。"虽然感到害羞，但我想感谢你……"正是从这种心情出发，芬兰首都赫尔辛基的公共汽车上出现了画着竖起大拇指图案的"真棒"按钮。乘坐巴士的时候，如果你觉得心情很好，就可以悄悄按下按钮，向司机传达感谢之意。这个极好的想法"真棒"！

道　歉

做了错事的时候，诚恳地道歉，向对方说“对不起”是非常重要的事情。道歉的方式根据地区的不同而不同。虽然有些方式让人看了之后很难理解对方是否真的在反省，但如果置身于他们的文化中，你就能一下子体会其中的抱歉之意了。

对不起！
用宽广的胸怀原谅我吧

▶ 双手合十

道歉的时候一边说“对不起！”一边双手合十的动作，原本是一种向神和菩萨表示问候的方式。它表达的是对生气的人说“我尊敬你，请原谅我！”的意思。所以，拜托别人的时候也会用到双手合十这个动作。听到别人说“对不起！”，并且被这么一拜的话，也许就会不由得原谅对方吧。

不管什么场合都可以说“对不起”
抱歉
不好意思

▶ 对不起

做了错事要说“对不起”。在日本，人们经常这样说，其意思是“抱歉的心情无法平复”。另外，在有人为我们让路等情况下，这句话也可以作为感谢语使用，有“不能回礼，我心里很过意不去”的意思。试着用心说出能够表达自己心意的话语吧。

▶ 土下座

土下座原本是向比自己身份高的人表示极度恭敬的方式之一。行礼时，身份低的人跪在地上用额头触碰地面，向对方表示*服从。现在，这个动作被认为是最深刻的反省，表示自己身份比对方低、“是我不好！”的心意。

表示服从

撒谎时会移开视线

▶ 看眼睛

在欧洲和美国，道歉时一定要看着对方的眼睛，转移视线会被认为是“没有反省之意”的表现。当然，也可以通过行礼道歉，但关键是要真诚地直视对方。不过，如果是日本式的鞠躬，则要移开视线，否则可能会被误解为没有反省之意。

地区不同，
礼节不同

▶ 正坐

在韩国，正坐是人们反省说“对不起”时的坐姿。因为在过去这是罪人受罚时的坐姿，所以才有这样的意思。在日本，表示反省的时候也要正坐，但那是为了端正礼仪。即使是同样的动作，地区不同，其意义也不一样哟。

▶ 不道歉

“没必要道歉”——也有人会这样想。在中东的土耳其，做了错事也不道歉是很正常的。这是因为*伊斯兰教的教义认为“世上发生的一切都是神的旨意”。即使发生不好的事情，他们也会接受，认为“这是应该发生的事情”。道歉对他们来说是不自然的事情。

一切都是神明的旨意

剃掉头发，惩罚自己

▶ 剃光头

在日本，想表达“对不起”的时候，也有剃光头的做法。其起源是，*出家为僧的人为了告诫自己而削发。因此，剃光头成了表示“舍弃烦恼，重新开始”的有反省意志的行为。在中国和欧洲，也有把犯了罪的人剃成光头以示惩罚的风俗。

用命来偿还

▶ 剖腹

在以前的日本，出现重大失败时，武士为承担责任会“剖腹”赎罪。他们剖腹的理由是“剖开灵魂栖息的腹部，让人们看到灵魂并不肮脏”。这不仅是在赎罪，也是一种维护名誉的行为。当然，现在没有必要这样做了。对日本武士来说，名誉是比生死还重要的东西。

在被责骂之前，
自己先惩罚自己

▶ 拉耳垂

用拇指和食指捏住两边的耳垂，用力往下拉——这个看似开玩笑的动作在印度其实是在表示发自内心的反省。据说，印度的妈妈们在训斥孩子的时候会拉他们的耳垂，所以自己拉自己的耳垂可以用来表达反省和道歉的心意。

喜欢

想表达喜欢对方时，你会怎么做？也有难以用语言表达的时候吧。这种时候，用肢体语言、信件等传达感受也是方法之一。虽然表达方式不一样，但“喜欢”这种心情是世界共通的。

说出你的心意

▶ 告白

对喜欢的人说“请和我交往！”之后成为恋人，其实是日本特有的告白方式。在欧美等地，大多数情况是双方会在不知不觉间成为恋人。日本人之所以执着于告白，是因为大家认为“明确地确认”对方的心意是一件好事。虽然也有被拒绝的时候，但放弃还是坚持，要看你自己。

把思念化作和歌

▶ 情书

虽然想向喜欢的人传达自己的心意，但是当面说会很不好意思……这种时候推荐的方法是写下自己的想法——情书——并交给对方。这是从古至今一直在被使用的传达“喜欢”的方法。据说，平安时代的贵族们曾在纸上写下和歌，浪漫地表达爱意。现代的表白邮件是情书的新形式。

送给对方有花语的鲜花

▶ 送花

还可以给喜欢的人送鲜花。送花原本是欧洲的风俗，现在已成为世界各地常见的表达“喜欢”的方式。玫瑰、郁金香、向日葵……在决定送什么样的花时，人们有时会根据“花语”来选择。以前，在土耳其，有将花给人的印象化为语言和花一起送出、同时说“selam[1]”的习俗，花语就是由此而来的。

1 土耳其语，意为“你好”。——编者注

今古同一

▶ 接吻

和喜欢的人接吻是全世界通用的爱情表现形式。接吻的历史悠久，可以追溯到人类还是动物的时候。据说，动物的母亲为了养育孩子，会用嘴给孩子喂食物，所以不知不觉间接吻成了恋人之间传达爱的方式。无论过去还是现在，给予爱的心意都是一样的。

又甜又苦，是爱情的味道

▶ 咖啡

在土耳其，被求婚的女性会用泡咖啡的方式来回答对方。如果答应求婚的话，女性就会泡出又甜又好喝的咖啡；如果拒绝的话，女性就会泡一杯含盐的咖啡。近来，也有人会故意泡咸咖啡，通过看对方能不能喝完来确认爱意。在土耳其人的生活中，咖啡是不可缺少的东西。这种方式似乎在问：今后每天一起喝的咖啡会是什么味道呢？

给你不吝惜的爱意

▶ 送牛

根据地区的不同，给喜欢的人送的礼物也不同。生活在东非的马赛人认为最好的礼物是牛，想和喜欢的人结婚的时候就要送牛给对方。对于生活在食物稀少的*热带草原的他们来说，能产出牛奶和肉的牛是宝贵的财产。毫不吝啬地将生活食粮作为礼物送出，是最好的表达爱意的方式。

热情的表达方式

▶ 我爱你

关于“我喜欢你”，世界上有很多不同的表达方式。在西班牙语中，相应的表达方式为“Te quiero”，意为“我爱你”。西班牙被称为热情之国，那里的人传达爱的方式大多直接、有力。像影视台词一样的这句话，不仅可以用于恋人之间，也可以用于家人和朋友哟。

用音乐来表达爱

▶ 哈拉纳（Harana）

在菲律宾，人们会像电影里演的那样向喜欢的人表达爱意：求婚的男孩每天晚上站在女孩房间的窗户下一边弹吉他一边唱恋歌。这种行为叫作“哈拉纳”，据说源自西班牙文化。在非常重视家族的菲律宾，这是向女孩和女孩的家人表达爱恋的非常热情的传统。

眼睛能看到的“我爱你”

▶ “I LOVE YOU”手势

你知道同时竖起小指、食指和大拇指有什么含义吗？这是表示“I LOVE YOU（我爱你）”的*手势。用小指表示“I”，用大拇指和食指表示“LOVE”中的“L”，用大拇指和小指表示“YOU”中的“Y”。请用这种手势向喜欢的人、朋友和家人表达爱意吧。

愤 怒

愤怒的时候，把愤怒的心情传达给对方也是很重要的交流。世界上有很多你不知道的表达愤怒的方式，让我们一起来学习一下吧。如果对方明明很愤怒，你却没有注意到，那就糟了！

▶ 吵架

有时通过吵架可以轻松地解决问题。在韩国，如果对对方感到生气，就会大吵一架。据说韩语中表示强烈谩骂的词有8000多个。这是消除愤怒的重要文化。与此相反，日本文化则不支持表达愤怒，据说其这方面的词汇比其他国家的少。

大吵一架之后超舒服

只看影子的话好可怕

▶ 双手叉腰

双手叉腰是表示愤怒的常见姿势，其在印度尼西亚是“非常生气”的意思。一种说法是，在印度尼西亚很有人气的皮影戏里，“愤怒”的表现方式就是这个造型。没有生气的时候，注意不要摆这个姿势，否则会被误会哟。

变得像恶鬼一样

▶ 两手作触角状

对孩子生气的时候，或者想表达气愤心情的时候，可以用两手作触角状，以模仿鬼的姿势。在日本，这是表示愤怒的姿势。鬼在佛教世界里是“地狱的守护者”，总是摆出一副严厉的表情，守护着地狱之门。因此，“变成鬼＝愤怒”的意思就被传开了。

用嘴发声传达信息

▶ 咂舌

事情进展不顺利的时候，你有时会“啧”的一声发出咂舌的声音吧。咂舌在日本是愤怒的表现之一。发出这种能让周围人听到的声音是在表示“我生气了！”，想让周围人注意到这种心情。但是，在不同的国家，咂舌的含义不同，有时只是表示附和，有时只是发音的一种方式。请根据情况判断吧。

▶ 翻白眼

翻白眼指一边说着“真是的……”一边转动眼珠、露出眼白的行为。当一个人怀有“想把视线从不想看的东西上移开”的心情时，经常会无意识地做出这种行为。翻白眼的动作不仅可以表达“我不想看那种东西”的心情，还可以把愤怒传达给对方。

一点儿都不想看见

不会输给愤怒的情绪

▶ 斗歌

“我生气了！”虽然谁都会生气，但对因纽特人来说，生气是一件很不体面的事情。无论如何都无法平息愤怒的时候，他们会以“斗歌”的方式来为双方的愤怒画上句号。他们会用歌曲来表达不愉快的心情，直到能够相互理解为止。听了歌生气的一方就算输了。这很考验忍耐力呢。

打架之后和好

▶ 打架

即便生气也绝对不能动手——日本有这样的规则，但南美的某个村子里则有通过打架发泄愤怒的风俗。他们在一年一度的节日里打架，是为了使人际关系变得更加融洽。不管是成年男性、成年女性，还是孩子，都会和讨厌的人拳脚相加，最后痛快地和好。

▶ 赠剑

中国战国时代的君主秦昭襄王曾因部下白起态度狂妄自大、违抗命令使国家陷入危机而勃然大怒，于是赠剑给他。生气了还送礼物？其实这里面有让对方“以死来承担责任”的意思。礼物并非全都包含“谢谢”等感激和体谅之情。

来吧，接着

就这样负起责任吧

交流方式的其他差异

加油

想给对方鼓劲儿的时候，用汉语说就是“加油”，用意大利语表示则有点儿古怪，即“Inbocca al lupo”。这原本是外出狩猎的人喊的口号，有“赌上性命前进”这样强烈的意思，充满了气势和勇气呢！

赌上性命前进！

好疼啊，但是好开心！

生日快乐

对于过生日的人，用礼物和蛋糕来传达祝福的心意，这在全世界都很普遍。在这种情况下，匈牙利有一种与众不同的祝福方式：轮流拉扯过生日者的耳朵。这一行为有“希望过生日者的耳垂能长得垂到脚后跟处”的意思。有时，寿星会因为喜悦和痛苦的双重刺激而哭出来呢。

在告别中加入祝愿

挥手告别

一边说着“再见”一边挥手，这就是在告别。其实，告别动作的由来和意义因地域而有所不同。在欧洲，有向对方表示赞赏之意而挥动手绢的告别动作；而在日本，告别动作则源于向神明发出“招魂”信号的动作，有着祈祷对方在神灵的守护下旅途平安的意思。

快乐地吃饭吧！
祝你有个好胃口！[1]

我开动了

在前文“感谢”部分，“我开动了”传达的是对食材和制作食物的人的感谢之情。在法国，大家吃饭前会对着一起吃饭的人说“祝你有个好胃口！”。吃饭不只是为了填饱肚子，更是为了享受一起吃饭的时光。

1 此处原文为法语“Bon appétit”。——编者注

● 店员的称呼

在国外的餐厅点餐时，你若是以大声地说“您好！”的方式呼叫店员，对方可能会被吓一跳。呼叫店员的时候，人们经常使用的方式是眼神交流，因为店员经常在店内巡视，所以不需要出声。另外，在日本，最近设置呼叫按钮的店越来越多了，据说其他国家的人对这一方法赞不绝口。

不用说话也能明白

● 初次见面

对于初次见面的人，意大利人会说“Piacere”，这个词有喜悦和快乐的意思，和“初次见面”的意思有点儿不同。如果把这句话翻译过来，就会变成“初次见面，很高兴见到你”，稍微有点儿长。在意大利语中，“Piacere”是用一句话就能传达心情的方便用语。

见到你很高兴
Piacere

各种各样的交流方式

除了语言，还有很多方法可以表达心情哟。
也许你身边的人就在使用这些方式。

● 手语

不使用声音和文字，而“用眼睛看的语言”之一就是手语。在日本，手语的词汇量已达1万以上，每年还会新增约200个。虽然手语是有听力障碍的人交流时使用的，但部分手语对普通人来说也很常见。比如，表示“OK”“再见”等含义的手势，就是人们经常使用而没发觉的手语哟。

OK

● 笔谈

上课的时候，你有过和邻座的朋友用笔记本对话的经历吗？那就是“笔谈”，即通过在纸上写字、画画等方式聊天。其和写信的不同之处在于，双方处于可以保持对话的距离。有听力和语言障碍的人交流的时候会使用这种方法。另外，在潜水过程中人们也可以通过笔谈的方式在水中对话。

● 盲文

盲文是可以通过触摸来阅读的文字。一般来说，眼睛有残疾的人在阅读书籍或街道上的注意事项公告时会使用盲文。据说，盲文起源于为了让军人在晚上也能阅读而开发的“夜文”。另外，除了盲文，通过触摸来做判断的交流方法还有很多。比如日本洗发水容器上的锯齿状刻纹，有了它，即使闭着眼睛也不会把洗发水误认为护发素。

本章介绍的内容

高兴的事/悲伤的事/有趣的事/恐惧的事/羞耻的事/感受方式的其他差异

感受方式的差异

因为下雨而悲伤，因为见到彩虹而高兴，人类每天都在带着各种各样的感情生活。但是，对于同一件事，人们未必都有同样的感受。对于不擅长运动的孩子来说，马拉松比赛时下雨也许是件开心的事吧。那么，人们在不同时刻会有什么样的心情呢？让我们从各种各样的感情中稍微窥探一下大家的内心世界吧。

高兴的事

高兴是我们因成功和温情内心变得温暖，或是自己变得自信、积极时感受到的心情。让我们了解一下大家在什么时候会感到高兴，一起分享高兴的心情吧。

▶ 胜利

在赛跑或考试中战胜了别人的话，很多人都会感到高兴。“绝对会拿第一名的！”就在你这么想的时候，大脑中会分泌一种能提高生存能力和干劲儿的雄性激素。如果你在挑战新事物或困难的事情时能取得成功，不仅能收获喜悦，还会充满斗志地迎接下一次挑战。

生存的力量涌现出来了！

变得越来越喜欢自己了
很努力呢！

▶ 得到表扬

“笑容真棒啊”“唱得真好啊”，被夸奖的话，人们总会觉得很开心呢。所谓褒奖，就是原原本本地承认并接受对方。人有“想被别人认可”的欲望，所以被夸奖时会很开心。对于周围的人，如果觉得对方有做得不错的地方，就坦率地表扬一下吧。

心情也朝气蓬勃呢

▶ 晴天

在暖暖的晴天，总觉得心情很好吧。人一被阳光照射，体内就会分泌一种被称为幸福激素的物质。因此，天气好的话，人的心情就会相对较好。另外，据说在晴天多的地区，性格乐观、幸福感强的人较多。

啊！美味！
制造幸福的材料

▶ 吃饭

吃到美味又有营养的东西，人的肚子和内心都会感到很满足吧。这是有原因的。身体内分泌的幸福激素，是我们感到幸福和满足的必要条件。这种幸福激素的原料就是我们每天吃的饭。吃饱了，就等于吃到了制造幸福的材料。

感受到了爱哟

▶ 肌肤接触

和家人、朋友、喜欢的人拥抱的话，人会变得非常开心。人一旦和亲近的人进行肌肤接触，体内就会分泌被称为幸福激素和感情激素的物质。这有加深与他人的友情和爱意、让人感到安心和幸福的作用。因此，人一旦和喜欢的人发生肌肤接触，心情就会变愉快。

没料到会有这个啊！

▶ 惊喜

在你以为周围没有人的时候……“生日快乐！”如果突然收到令人惊喜的祝福，你不仅会被吓一跳，还会不由得高兴起来。因为之前大家都不提生日的事，你已对生日不抱任何期待，这时突然发生了意料之外的好事，你自然会更高兴。有时落差越大，喜悦感就越强。

▶ 收到礼物

不管是实物还是知识……只要被他人给予了什么，人就会感到开心。其原因在于，这意味着自己“得到了对方的认可”。有了这样的感觉，人内心就会感到满足。想为对方做点儿什么，就是想把自己的快乐作为礼物送给对方。

把快乐的心情一起送出

挽回败局的感觉

不管是疲劳还是焦虑，
都能在梦中消解

▶ 睡眠

“在温暖的被窝里睡个好觉吧……”睡觉是件让人感到幸福的事情，如果能好好地睡一觉，疲劳和焦虑就会消失得无影无踪。睡眠有调整身体状态和心态的作用，所以好好地睡一觉后人就会变得心情愉悦。好的睡眠是身心愉悦的证据哟。

▶ 他人的不幸

其实，谁都有可能因别人的不幸而感到自己很幸运。人们总会不自觉地拿对方和自己比较，认为自己“输了”。如果这种时候看到对方的不幸，人就会产生“挽回败局”的感觉，从而转悲为喜。但是，如果只是感到庆幸的话，什么都改变不了。努力让自己成长吧！

悲伤的事

人生不是只有令人高兴的事情，也有令人悲伤的事情。在这里，让我们来看看大家会对什么事情感到悲伤，以及应该怎样面对它。另外，大家尽量不要悲伤哟。

▶ 离别

毕业、搬家、失恋、死亡……人的一生会面临很多离别。每当这时，我们总会悲伤不已，就好像心破了个洞。这是因为我们知道和对方在一起的幸福日子即将结束。悲伤和痛苦的程度，是你珍惜那个人的证明。

向幸福的日子说再见

孤独是危险的信号

▶ 孤身一人

很久很久以前，在地球上还有很多比人类的体形大的野兽存在时，一个人待着是一种危险状态，随时会有生命之忧。为了避免这种处境，“孤独是悲伤的”这种心情逐渐成了人类的一种本能反应。因此，现在人们认为孤独是令人悲伤的，而与人交流可以让人安心。

我被攻击了！

今天一直心神不宁的

▶ 下雨

下雨天感到心情沉闷、悲伤，是人作为生物的本能。在下雨天，全身湿透、身体不适或卷入山体滑坡等事故的可能性很大。据说，为了保护自己，遇到下雨天，人类的本能便开始发挥作用，让心情比平时更低落，以阻止自己出门。这是人类为了生存而做出的本能反应。

▶ 挨骂

忘记做作业，或是饭没吃完，剩下了……有因此被老师和家人骂得很伤心的人吧。这是因为他们感觉自己被攻击了，被否定了。但是，老师和家人并不是在否定你，他们对你的行为感到生气，是想告诉你“不可以那样做”。如果被骂了，就好好想想为什么会被骂吧。

▶ 无视

被无视的话，人就会觉得“我被讨厌了吗……”，从而变得悲伤。所谓无视，就是“假装没看见”，是否定一个人的存在的意思。人们因此而受到的心灵伤害，与暴力带来的伤害不相上下。据说，被无视对人类来说是最痛苦的事情之一。

▶ 他人的幸福

有时，某人高兴的时候，我们无法真诚地跟着一起高兴，反而会变得悲伤……这是因为，这个幸福的人会和你心中“理想的自己”重叠，你会将那个人和“现在的自己”相比较，进而因自己的不足之处感到悲伤和懊悔。但是，看到自己不感兴趣的人高兴，你并不会觉得悲伤。

▶ 期望落空

看起来很好吃的曲奇饼，吃起来却令人很失望……你有过这种因期待落空而悲伤的经历吗？“真令人失望……”当人们对事物持有某种印象或想法，结果却与预期不同的时候，就会产生这种感情。只有人类会思考和想象，期望落空是人类特有的悲伤。

▶ 失去物品

丢了东西或打碎盘子的时候，会有人感到悲伤吧。人一想到自己做了无法挽回的事就会感到悲伤。因此，如果认为失去的东西“无可替代”，人们就会感到悲伤；如果认为“还有一个呢，没关系”，就不会感到悲伤。不要弄丢重要的东西哟。

▶ 失败

人类都是遭遇失败就会悲伤的动物，但也有一些人能很快从失败的悲伤中振作起来。那是因为他们会更积极地考虑“下次怎么做才不会失败”。就像“失败是成功之母”一样，不管多厉害的人，都是通过克服失败而成长的。

有趣的事

每天都会发生很多有趣的事情，如果能笑着生活就太好了。有趣的感觉，就是做自己喜欢的事情时那种心跳加速的感觉。让我们一起了解一下大家都觉得什么事情有趣，快乐地度过每一天吧！

下水管会扑通一声[2]

▶ 冷笑话

“被子被吹飞了！”你说过这样的冷笑话吗？会讲这种乍一听好无聊的冷笑话的人，其实很聪明、温柔。孩子们之所以觉得冷笑话有趣，是因为他们正处于逐渐掌握语言的阶段——找到词语之间“发音相同”的关系，他们就会觉得很有趣。

▶ 收藏

你是不是不知不觉就开始收集迷你车和卡片之类的东西了？一般认为，爱好收藏东西的大多是男孩子。其理由是，在原始时代，男性如果捕获猎物带回“巢”中，就能获得满足感。据此，人们说这是人类残留的本能。所以，人们觉得，如果能拥有越来越多的东西，或是把某类东西完美地收集起来，是件有趣的事。

▶ 观看体育比赛

爱看足球、棒球等运动赛事并觉得其有趣的人，或许是在追求“士气感”。观看体育比赛时，能让人心情高涨的因素有很多，比如不知道谁会赢的紧张感、希望自己支持的选手和队伍获胜的兴奋感等。而且，大家一起为选手加油时，人与人之间的感情会互相传染，“士气感”会随之提升。

▶ 虚构

命运般的恋爱、魔法和龙……这些在现实中无法遇到的事情也会让人们感到欢欣雀跃。我们之所以会对虚构的故事感兴趣，是因为人类拥有与他人产生共鸣的能力。有了这种力量，你可以成为故事中的登场人物，也可以进入那个世界。

1 被子（布団）和吹飞（吹っ飛ぶ）在日语里发音相近。——译者注
2 下水管（土管）和扑通（どかん）在日语里发音相同。——译者注

▶ 尖叫

在日常生活中很难获取的紧张感和刺激感，是制造尖叫的魅力机器。人在从紧张中解放出来的时候会获得很大的快感，所以会有沉迷这种过程的人。觉得这一过程有趣的人被称为喜欢追求刺激的人。对于不喜欢追求刺激的人来说，遇到这种事只会觉得痛苦，所以不能强迫对方陪你疯。

▶ 音乐

你是否曾被毕业典礼上的歌曲感动，心情也跟着音乐节奏变好？音乐能调动人的感情，因为人类拥有只靠音乐就能理解或想象出情景的能力。即使听的是外国歌曲，无法理解歌词，人的心情也会跟着音乐变得快乐或悲伤。音乐家巴赫说：“音乐是世界语言，没有翻译的必要。”

▶ 新生事物

遇到新生事物的时候，人的大脑会被激活，会感觉新事物很有趣。这种对新事物的追求是人类的欲望之一，叫作“好奇心”。越是好奇心强的人，越喜欢新生事物。通过书本了解不知道的事情，去没去过的地方，体验新的邂逅……这些都能让人的大脑不断成长。

▶ 做手工

用沙子做城堡，用土块堆机器人，用纸折仙鹤……对有些人而言做手工是很有趣的事情。其理由之一是，通过自己的手让脑海中的东西成形的时候，会获得一种“做到了！做好了！”的成就感。这种感觉会使人埋头创作，创造某种与未来相连的“东西”。

▶ 赌博

我们小时候不太会接触的赌博（如赛马、老虎机、赌场扑克等）对某些人而言也是有趣的事情。赌博并非绝对能赢，也会输。但是，不管怎么输，下次获胜的可能性都不是零。在这种情况下，有些人便萌生了“斗志”和“挑战精神”，因而觉得赌博很有趣。

感受方式的差异

恐惧的事

你会因为什么而感到恐惧呢？是雷电或蛇，还是鬼怪？也许你会因为自己害怕某物而觉得不好意思，但那种害怕的心情其实是我们为了保护自己不受危险的东西伤害而产生的，是人类的本能反应。所以，如果有人对某些事物感到害怕的话，不要嘲笑，要去帮助他。

▶ 黑暗的地方

不管是看书，还是注视朋友的脸，人类每天都要使用自己的眼睛。虽然我们的眼睛能看到各种各样的东西，但是晚上光线变暗后，我们就看不到周围的事物了。那地方黑漆漆的，不知道那里有什么，也不知道什么会从那里出来——这样想人就会产生不安的心情。正因如此，在五官中，人对眼睛有着特别的依赖。

似乎会发生什么，总感觉心神不宁

很久以前的天敌

▶ 蛇

人类的祖先猴子很久以前就生活在树上。因为在空中寻找猎物的鹰和鹫无法靠近枝繁叶茂的地方，所以那里比较安全。这样一来，其唯一的天敌就是蛇。蛇会慢慢地靠近，然后把猎物整个吞掉。据说为了能察觉到这种危险并保护自己，人类进化出了一看到蛇就会感到害怕的本能反应。

声和光的双重攻击

▶ 打雷

打雷往往伴随着巨大的声音和耀眼的光芒。害怕打雷的人很多。雷声究竟有多大呢？声音的大小是用分贝来表示的：下雪的声音是20分贝，窃窃私语是50分贝，蝉鸣是70分贝。距离我们较近的雷声高达140分贝，比汽车的喇叭声和狗的吠叫声还要大，所以害怕这个是理所当然的。

你的不安化作了鬼怪

▶ 鬼怪

大家最害怕的东西是不是鬼怪？在黑暗的地方或坟地，人们会产生“恐怖的事情就要发生了”的不安心情。一种说法是，这种不安的心情会让人感觉有什么“东西”存在。能看到看不见的东西的能力是想象力。想象力越丰富的人，越能强烈地感受到鬼怪的存在。

已经无路可逃了

▶ 狭窄的地方

石器时代，人类经常受到肉食动物的攻击。据说，那时很多人被逼进狭窄的地方，因为没有退路而被吃掉，所以人类本能地产生了“狭窄的地方＝危险”这样的恐惧。此外，也有人因为有过被关进狭窄地方的经历，所以害怕面对狭窄之地。这是“想活下去”的心情的表现。

▶ 小丑

虽然小丑想用开心的妆容和搞笑的动作把马戏团和街头表演的气氛炒热，给大家带来快乐，但有人觉得他们很可怕。有一种说法是，小丑之所以让人害怕，是因为他们的妆容太花哨，人们看不清其表情，不知道他们在想什么。小丑原本是想逗大家笑的，没想到会适得其反……真是件微妙的事情呢。

▶ 大海

关于又深又暗的大海，至今仍有许多谜团。有人因总想着“会有大型生物飞出来吗？”而害怕看海，也有人因总觉得自己会被吸入水中而感到烦恼，还有人因总能想象到自己溺水的情形而害怕大海。对于尚未探明其真相的存在，人类总会感到害怕。

和自己不一样＝
奇怪的东西

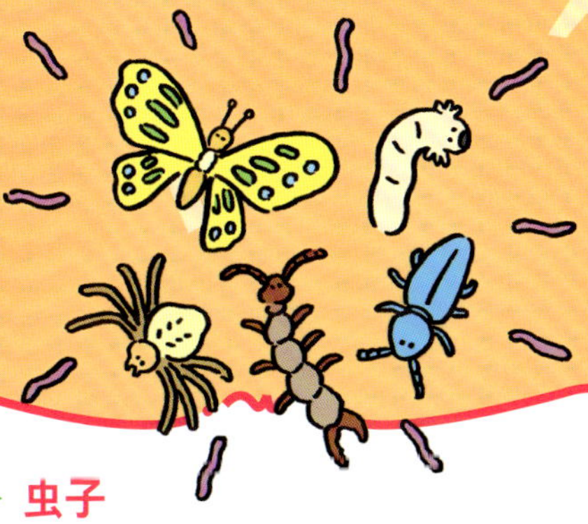

▶ 高处

在观光电梯里或高处，你有过身体发抖或者腿发酸的经历吗？那是因为身体意识到如果我们从非常高的地方掉下去，有可能会受伤或者死亡。“恐高”这种感觉是身体为了保护你不受伤害而产生的。

▶ 虫子

对于和自己的形态差异越大的生物，人类越容易产生“不是伙伴”的判断，并会本能地感到害怕，其代表就是虫子。虫子不仅脚多，而且其颜色、形状、动作与人类的完全不同。顺便一提，据说颜色鲜艳的虫子和有花纹的虫子是为了不被敌人袭击，故意进化[1]成这样的。

1 此说法不准确。它们是因基因突变而变成这样的，并不是“故意进化”。——译者注

▶ 带尖头儿的东西

被人用剪刀指着的话……人们会喊：“太吓人了！”看到尖尖的东西就感到害怕的人有很多。面对带尖头儿的东西会产生恐惧感，是人类的本能在起作用，以保护身体不被它们伤害。另外，小时候被带尖头儿的东西伤过的话，人的大脑就会记住“这很危险”，并保存这种恐惧感。

▶ 诅咒

所谓诅咒，就是祈求鬼神让特定的人遭遇灾难。这是一种迷信行为。但是，怀有“自己是不是做了会被人诅咒的坏事”这种罪恶感的人，会认为“诅咒是有效的”，因而感到害怕。罪恶感是人在反省心态下产生的东西。从这个意义上看，觉得诅咒很恐怖的话，也可以说是正直的证明吧。

▶ 恋爱

就像“恋爱是盲目的”这句话所说的，人一旦开始恋爱，就会看不清周围的一切，变得无法思考。人们感到恋爱可怕的原因之一，在于恋爱的时候无法控制自己的感情和行动。心动是无法用自己的力量控制的，对这样的自己感到没有自信，或是害怕被对方讨厌，这些不安感都会让恋爱变得可怕哟。

▶ 巨大的东西

咚！看到巨大的佛像，人就会感到自己的渺小，因此有些人很害怕巨大的东西。其理由可以追溯到恐龙还存在的时代，当时人类的祖先就像老鼠一样小，为了保护自己，它们会本能地逃离大型动物。那时的恐惧至今还留在人类心中。

▶ 气球

砰！发出很大的声音然后破裂！一旦想到这种画面，看到飘来飘去的气球，人们就会忍不住去想“什么时候会破掉呢……”。这种心跳加速的感觉会让人感到害怕。据说，人们之所以会有这种感觉，大多是因为小时候玩气球时有过类似经历。

振动
未知号码
你到底是谁？

▶ 未知号码来电

对于可以随时随地通话的移动电话（智能手机）而言，如果保存了某人的电话号码，对方来电时你就能看到其名字。如果电话是陌生号码打来的，有人就会因为“不知道是谁打来的”而感到害怕。现在，因害怕公司和家里来电话而不敢接的人变得越来越多。它为人们提供方便的同时也带来了恐惧……

▶ 数字4

在日本、中国等东亚国家，有人不仅认为“4”这个数字不吉利，还对其感到害怕，其理由是“4”和“死”发音相似。在日本，从平安时代开始，数字“4”就被人们所害怕。因为这个缘故，公寓、停车场、医院等地方通常不使用该数字。“4”有点儿可怜啊。

4→死
404
明明只是发音相近而已

眼睛说的比嘴说的多

▶ 他人的目光

从他人的目光中猜想对方的想法，有时会让人感到害怕。如果对自己没有信心，你就会特别在意对方对自己的看法。不过，这是因为你有一颗温柔的心，为了和他人友好相处试图去感受对方的心情。为了能在集体中和大家和睦相处，这是必要的能力。

嘴巴张不开了

▶ 花生酱

有些人觉得配面包很好吃的花生酱很恐怖，因为他们会有这样的想法：“黏糊糊的黄油粘在嘴巴和上颚上，会不会张不开嘴？”有些人一看到花生酱就会汗流浃背，浑身发抖。会对什么东西感到害怕，真是因人而异啊。

▶ 警察

警察制服被设计成深色是有原因的。人类对蓝色系的颜色有着“遵守规则”“认真”的印象。因此，看到身穿深色制服的警察时，人们会有一种被诘问“你遵守规则了吗？”的感觉，心情也会变得很紧张。这时，即使你没做坏事，心里也会七上八下的，会回头检视自己的行为。

嗯？
应该没问题吧……
虽然没有做什么坏事……

羞耻的事

比起在浴室里裸身，在外面裸身更让人觉得“不好意思”。这种“不好意思”的心情，是在做了自己认为不正确的事情时产生的。虽然你自己觉得很不好意思，但大家可能什么都没想。

虽然没有办法，但是很害羞

▶ 放屁

在教室里不小心“噗”的一声放了个屁——你有过这样的经历吗？放屁会让人感到不好意思。有一种说法是，因为放屁容易让人联想到排泄，给人很脏的感觉。但是，放屁是没有办法控制的事。顺便一提，世界上有些地方的人觉得打喷嚏和打嗝比放屁更丢脸。会对什么感到害羞也是因人而异的。

一般情况下看不到的我

▶ 裸体

裸体是可耻的……有些人之所以会这样想，是因为我们平时都穿着衣服。事实上，世界上也有裸着身子生活的人，对他们来说，这是很平常的事。而且，根据时代的不同，情况也有很大差别。江户时代以前的日本，即使身穿很少的衣服，近乎半裸，人们也不会在意。而且，那时的大众浴池大多是男女混浴。

▶ 与人不同

有人会因自己和周围的人不一样而感到很不好意思。自古以来，在重视协调性的日本，人们很在意别人如何看待自己。因此，很多人会因为自己和周围的人不一样而感到羞愧。而在美国，因为*移民多，人们的外表和性格多种多样，所以很多人认为“和别人不同是理所当然的”。

枪打出头鸟

完全没努力，但是成功了

▶ 努力

有些人会因为害羞而不想被人看到自己努力的样子。这是因为他们认为“越是努力，失败了就越不好意思”，或者害怕被认为是“不努力就不行的人”。努力的姿态有时是能打动人心的……即使知道这一点，生活在社会上的人仍是会在意周围人目光的生物啊。

不知道自己的声音是这样的

▶ 自己的声音

在录音中听到自己的声音时，你是否曾害羞地说："这不是我？"我们平时并非通过耳朵听到自己的声音的，而是直接接收通过头盖骨传来的声音。因此，其他人听到的你的声音和你自己听到的声音完全不同。这种反差就是产生害羞感的原因。

不想被讨厌

▶ 喜欢的人

和喜欢的人在一起或面对面交谈时，有时你会高兴得心里七上八下的，有时你会害羞得沉默不语。这是因为你想让自己喜欢的人觉得你很好，不想被讨厌，而且这种心情很强烈。正因为喜欢，人们才会想隐藏自己不好的一面。

和不成熟的自己说再见

▶ 过去的自己

当看着自己以前的照片回忆往事的时候，你可能会想"为什么要做这样的事呢？"，还会感到很不好意思。那是因为现在的你觉得过去的自己是"不成熟"的。这是你成长的证据，所以，这完全不是坏事。倒不如表扬这个承认过去的失败和羞耻的自己吧。

不要跟『奇怪的人』说话

▶ 一个人跌倒

在周围没有认识的人的时候，"扑通"一声跌倒的话，也会产生无法言喻的羞耻感吧。在偶然失败的时候，比起具体的失败原因，人们更会因为被认为是"会因为那个而失败的人"或"怪人"而感到羞耻。所以，如果身边有一个能跟他说"没注意到台阶吧""这是偶然的，也是没办法"这种话的人，应该会好受点儿。

感受方式的其他差异

不甘心

如果有这样的感觉，那就说明你还有努力的力量。在争胜负中失败的时候，或者没能达成目标的时候，你所感受到的这种心情，是因无法放弃或遗忘而产生的感情。所以，可不是什么都无所谓的。不要放弃，再挑战一次吧！

我还没有放弃！

骄傲

“想向谁炫耀”的话，那就是“骄傲”的表现。但是，每个人感到骄傲的瞬间因人而异。有人会因为得到什么奖或是得到别人的认可而感到骄傲；也有人会在自己能勇敢地面对问题时或是自己认可自己的时候感到骄傲。你会因为什么而感到骄傲呢？

想说给别人听听！

无聊

运动和学习等对一般人而言有趣的事，对你来说也可能很无聊吧。其实，“有趣”和“无聊”是完全相反的感觉。如果你觉得“无聊”，那可能是因为会让你觉得有趣的“新鲜感”和“刺激感”还不足。

无能为力

难过

失恋的时候如果有种“胸口被揪紧的感觉”，那一定就是难过了。难过是感到自己无能为力的状态，被认为是比悲伤更痛苦、难受的心情。另外，在黄昏或夏天等令人愉快的时间过完时，有人也会感到难过。

● 怀念

怀念是在听以前的音乐或看旧照片时产生的一种感情。实际上，有这样一种说法：人们在消极的时候更容易产生怀念之情。所谓怀念，即比起现在的自己，感觉过去的自己更有魅力。但也有人说，怀念会让人回想起自己的魅力所在，心态会因此变得更积极。

那时候真美好啊！

什么时候我才能这样？

● 羡慕

物品、容貌、环境等，当自己没有某种东西而别人拥有的话，人就会产生“好羡慕啊”这种自己也想那样的心情，这是上进心的一种表现。上进心强的人更容易产生羡慕之情，这绝对不是坏情绪哟。“我就是我，所以不在乎别人”——虽然也有这样的人，但是人也可以有羡慕别人的瞬间哟。

我到底做了些什么？
薯片

● 空虚

虽然一直在忙，但感觉什么都没做——当心灵处于这种状态时，人就会感到空虚。比如，当自己的努力没有结果的时候，或者休息日一整天都在床上打滚的时候。如果花费的时间变成了对自己来说“没有意义的时间”，人就会感到空虚。但是，那些真的是“没有意义的时间”吗？这就要看你自己了。

从内心深处涌现出来

好羡慕，好不甘心……
呜呜呜——

● 嫉妒

不仅仅是“羡慕”，还“很不甘心”，这就是“嫉妒”的心情。这是一种非常痛苦的感情，在社会上打拼的人很多都会产生这种感情。这种感情如果能被转换成正面情绪，就能变成给自己“加油”的巨大能量。对你来说，嫉妒能转变成能量吗？

● 怜爱

看到喜欢的人或小宝宝，心中会涌现一种温暖的感觉，这就是怜爱之情。这种感情是作为生物的人类为了繁衍后代所具备的本能之一。这与一种被称为“催产素”的情感激素有关，正在育儿的妈妈们特别容易产生这种感情。催产素也被称为幸福激素。

本章介绍的内容

学习的理由/死后的世界/俊男·美女/幸福/和平/人类/思考方式的其他差异

思考方式的差异

思考方式因人而异。即使面对同样的事情，世间的人也会有各种各样的想法，正确答案不止一个。从这里开始，让我们了解一下大家都相信什么以及大家是如何看待问题的，试着比较一下他们的不同想法吧。你一定能从自己身上找到答案。

学习的理由

“为什么一定要学习呢？”你有过这样的想法吗？学习是丰富人生的方法之一。请参考这里介绍的各种各样的想法，试着找出自己要学习的理由吧。你一定会很有干劲儿的。

▶ 为了报答社会

整洁的道路和电车、能买到想要的东西的商店、能学习的学校……大家之所以能生活富足，是因为前人通过协商与合作创造了现在的社会。大家长大成人后，也要为下一代创造更好的社会。为了这个目标，学习各种各样的知识是必要的。

报答社会

▶ 为了成为理想的自己

总有一天我会成为宇航员，成为花店老板，成为能帮助别人的人……你有什么关于未来的梦想吗？为了接近梦想或理想中的自己，我们需要掌握相关知识，而学习是获取知识的手段之一。而且，要理解专业知识，语文、数学等基础知识是非常重要的。即使现在还没想好梦想是什么也没关系，努力学习一定会有用的。

向着梦想努力

▶ 为了获得高收入

越善于学习的人，学历往往越高。而学历越高，从事各种职业的可能性就越大，也就是说，能找到高收入工作的可能性会变大。在当今社会，“有钱”也是身份的一种象征。所以，为了将来有高收入，有人认为学习是很重要的。

收入代表社会地位

▶ 为了生存

“学习什么的最讨厌了！”有这种想法的人应该不少。如果不学习，每天玩耍会很快乐吧？但是，如果什么都不学会怎样呢？看不懂街上的招牌，购物时不会算账……这样的情况一点儿也不让人快乐，反而每天的生活都会很辛苦。所以，学习也有为了生存的原因哟。

这世上到处都是难题

▶ 为了提高判断力

如果你没有思考的能力会怎样呢？你可能会无条件地相信别人说的话，这是非常危险的事情。辨别该相信的东西和该怀疑的东西的能力是非常重要的。学习能带给我们各种各样的知识和想法。对于同一条信息，你可以从各种各样的角度考虑，从而判断究竟应该如何选择。

决定选择什么道路

站上起点的方法

▶ 了解自己的无知

有一个词叫“无知之知”。这是古希腊*哲学家苏格拉底提出的，意思是“只有知道自己一无所知，才能了解事物”。而且，了解自己的无知，就能知道自己在别人眼中是怎样的。由此，人们还可以学会尊重他人哟。只学习知识不算真正的学习。

到更广阔的世界去

▶ 为了帮助他人

如果你努力学习是为了帮助他人的话，你会学得很开心哟。比如，想着“想当医生拯救世界上生病的人”的话，学习起来就会很有干劲儿。想帮助别人也是变优秀的理由之一。为了保护重要的人，我们需要获得各种各样的力量。通过学习获得的知识和思考能力，在今后的生活中会成为我们非常重要的力量。

为了获得解谜能力而学习

▶ 为了获得自由

世界上也有为了获得自由而学习的孩子。在东南亚和非洲等贫困地区，学习是获得更好的工作的最可靠手段。拼命学习和自己选择未来的“自由”息息相关。不管你生活在哪里，只要努力学习，人生的选择就会变多。

成为超人的话，就有力量了

▶ 为了了解“未知”

“为什么？”“为了什么？”人对社会上各种各样的事情都有疑问吧？对于人类来说，学习就是为了寻找“为什么”这个问题的答案。即使在科技发达的当今社会，人们仍有很多不明白的事情。为了弄清楚这些而学习，也是人类的责任之一。

思考方式的差异

死后的世界

很多人都有“死很可怕”的想法。所以，人类一直在想象死后的世界，以克服恐惧和悲伤。去阴间，变成幽灵……死后的世界因人们的想象而不断扩大。让我们在这里窥探一下它吧。

▶ 天堂和地狱

在*基督教教义中，人死后会去天堂。天堂是天上的理想世界，是灵魂永远被祝福的地方。但是，能去这里的只有生前行善的人，做了坏事的人会下地狱。地狱是非常恐怖的地方。为了能去天堂，要不断行善哟。

每日的所作所为决定死后的去向

在你身边守护着你

▶ 变成神明

在*神道教中，人的灵魂被认为是神明赐予的东西。死去的人的灵魂会回到神的身边，成为守护其子孙的神明。神道教中有很多神明：山和海之神、厨房和厕所之神、食物之神……你周围的一切事物中都寄宿着神明，而且一直在你身边守护着你。

执着地留在世上

▶ 变成幽灵

一些宗教的教义认为，人死后灵魂会回到神的身边或阴间。但是，有时候，灵魂会以幽灵的身份留在这个世界上……为什么没去那个世界呢？据说，这是因为他们还有遗憾或者想传达的事等，所以对这个世界恋恋不舍。大家要努力地不留遗憾地生活哟。

因果循环，命运之战

▶ 轮回转世

在亚洲人都很熟悉的*佛教中，死亡被认为是“重生为另一个生命”。这叫作轮回转世，即人死后会不断地重生，变成另一种生物。佛教认为，生命之旅不会结束。想象一下出生之前你是什么样的生物吧。

想永远活下去

▶ 复活

在古代埃及，死者的尸体会被做成木乃伊埋葬。这是为了保存能让灵魂回归的肉体，以便人死后灵魂能在来世永远生存下去。为了不让尸体腐烂，古埃及人做了各种各样的努力。虽然他们非常害怕死亡，但是因为相信人死后还能复活，他们能够接受死亡。

在天空中自由地飞行

▶ 变成鸟

在*日本神话中，英雄山田太郎因触犯神明，导致神明发怒而丧命。据说，他被埋葬后化作一只白色的鸟飞走了。在被认为是现存最古老的和歌集《万叶集》中，有很多关于人的灵魂变成鸟的和歌。飞上天空的鸟被认为是死去的人的转世。

▶ 到星星上去

对于在海上旅行的波利尼西亚*原住民来说，星星是唯一明确的路标。他们会在死前指着自己喜欢的星星说：“死后我要到那颗星星上生活。”世界各地有很多“死后变成星星”的传说和故事。从很久以前开始，人类就对美丽的星星怀有特别的憧憬。你也试试寻找自己喜欢的星星吧。

到大家都憧憬的地方去

不用害怕，
就是“死了”而已
消失
没关系的

▶ 化为乌有

“死了就完了”。关于死后世界的故事有很多，但也有人认为“根本没有什么死后的世界”。人死后灵魂会消失，没有什么来世——这一想法来自生活在公元前300年左右的*哲学家伊壁鸠鲁。他想告诉那些害怕死亡和死后世界的人，人“只是会死而已”，好让他们安心。

生命是个循环

▶ 回归自然

和其他生物一样，人类也是从自然中诞生的生命。因此，也有人想“死后回到大自然的*循环中”。这样的做法并不少见，比如把骨灰撒在大海上的“海葬”，以及用树木代替坟墓的“树葬”等。这些被称为“自然葬”的葬礼，被想回归自然的人们所采用。

俊男·美女

“好漂亮啊”“好帅啊”——虽然赞美一样，但大家对于长相出众的标准因各自想法的不同而有差异。由于文化和时代的不同，世界上有很多类型完全不同的俊男美女。对你来说，俊男美女是什么样的呢？

★前两页介绍俊男，后面介绍美女哟！

看看我的胡子

▶ 胡子

说到成熟男性，其特征就是胡子。一些国家的男性下巴和嘴巴周围都有漂亮的胡子——拥有漂亮胡子的男性被认为是帅哥。在有些地区，像鹿的角和孔雀的尾羽一样，男性的胡须被认为具有吸引女性的作用。在其他地区，也有男性因为留胡子给人以野性的印象而受欢迎的情况。

▶ 肌肉

拥有强健肌肉的男性在世界各地都很受欢迎，尤以欧美国家为首。“肌肉男”指肌肉发达、身体强壮的人。很多地方都有人把“有男子气概的强壮男性”当作理想型。要想拥有健壮的身体，就需要通过控制饮食、加强运动等方法严格要求自己。因此，人们认为，擅长自我管理与魅力息息相关。

自我管理很在行哟

强大指什么呢？
好耀眼

▶ 中性

在一些国家，皮肤白皙、身材纤细的中性男性很受欢迎。在日本等东亚地区，以前健壮的男性很受欢迎，但最近情况发生了变化。理由之一是，随着时代的变化，人们对男性的要求已经不再是“生存能力强大（=身体强健）”了。这也许是世界变得和平的证据吧。

从毛发上能体现出男人味

▶ 毛发稀少

毛发稀少的男性会不会给人不受欢迎的印象？完全不会。在欧洲的很多国家，由于有“毛发稀少=雄性激素多”这一说法，人们认为毛发稀少的人往往很有男子气概。另外，在一些地方，人们认为头发稀少是用脑多的证明，所以作为聪明人的标志，光头很受欢迎。

▶ 明亮的眼睛和雪白的牙齿

居住在西非的博罗罗人每年都会举行名为“盖雷沃尔”的评选最美男性的比赛。在博罗罗人中，有着明亮眼睛和雪白牙齿的男性被认为是有魅力的，所以男性化完妆、戴好饰品后会睁大眼睛和嘴巴来吸引女性的注意。为了这一天，男人们会想尽办法保养肌肤，努力变美。

▶ 大肚子

直到昭和初期，日本男性像太鼓的鼓肚一样隆起的大肚子都被认为是男子气概的证明。那时的人认为，小腹突出的人不仅健康，而且胆子大，很有男子气概。后来受欧美文化影响，人们才以身材苗条作为有魅力的标准。随着时代的不同，人们关于美的想法也会发生很大的变化。

▶ 个子高

在世界上的很多地方，“高大”被认为是俊男的要素之一。在依靠狩猎采集为生的年代，个子高的人更容易捕捉到猎物，生存能力更强。因此，一般来说，个子较高的男性对女性而言更有魅力。即使在现代，这种倾向依然存在。

▶ 假发

假发是用来隐藏秃头的？可不仅如此哟。对于巴布亚新几内亚胡里族的男人们来说，假发是寄宿着祖先灵魂的重要物品。而且，它是男性成熟的证明，也是能吸引女性注意的东西。在成年礼之前，他们会用自己或亲戚的头发制作颜色鲜艳的假发。只有拥有一头又大又花哨的属于自己的假发，才会被认为可独当一面。

▶ 小麦色的皮肤

北欧人认为焦黄的小麦色皮肤是俊男美女的标志之一。由于北欧的日照时间很短，人们很少能享受日光浴，所以能晒黑的人往往给人一种“可以去南方度假、有一定经济能力”的印象。可能这就是小麦色皮肤受欢迎的原因吧。据说，也有很多人是夏天在公园里穿着泳装晒黑的。

▶ 童颜

在日本，长着娃娃脸的女性很受欢迎。用来赞美女性的“可爱”一词，原本是用来形容孩子的。娃娃脸受欢迎的原因有很多。有一种说法是，武士时代男人们出于“保护女人和孩子”的意识，认为“必须保护看起来更年幼的女性”，所以不自觉地会将目光投向有着娃娃脸的女性。

▶ 顺其自然

虽然世界各地都有“想永远年轻”的女性，但法国女性不同，她们的魅力在于接受年龄的自然增长。在那里，很多女性平时都是素颜，她们认为“自然的，自己的”才是最重要的。皱纹是她们笑着度过时光的证据，斑点是她们在太阳下玩耍的证明。因此，她们很珍惜度过美好时光的自己。

无法抑制的本能

▶ 大胸

在认为“性感是美女的必备条件”的美国和巴西等国家，胸大的女性很受欢迎。有一种说法是，这源于“胸大的女性能更好地哺育宝宝”的本能感受。另外，在部分地区，人们认为充足的脂肪有利于储存营养，是健康与美丽的象征，所以男性会被胸大的女性吸引。

为了防范老虎

▶ 长脖子

有些人用一生的时间来抻长脖子，努力变美。对于生活在缅甸的帕登长脖族女性来说，长长的脖子就是美丽的证明。她们从小就用金属环套着脖子生活，理想的圆环数是37个。有一种说法是，这是为了保护脖子而戴上的，以免自己被野生老虎咬杀——生存的智慧变成了美丽的标准。

▶ 阿多福脸[1]

在现在的日本，有着小脸、漂亮的大眼睛和苗条身材的女性一般都很受欢迎。电视和杂志上也经常有如何让眼睛看起来更大的化妆专栏和减肥特辑。但是，在大约1200年前的平安时代，长着下宽脸、细长眼睛和一头黑色长发的女性才会被认为是美人。即使是在同一个国家，根据时代的不同，人们关于美的想法也会发生变化。

1 原文为“おめめ”，日本传统女性面具之一，指有着圆脸、低鼻梁和圆鼻头，同时头小、发垂、面颊圆润饱满（脸颊高）等特征的女性假面。具有同样特征的女性脸型被称作阿多福脸。——译者注

▶ 有缝隙的牙齿

人们微笑时通常会露出牙齿，而两颗门牙之间有一点儿缝隙的牙齿在法国被称为“幸运牙”。在美国等地，门牙之间有缝隙的女性曾一度被认为比较“性感”。因为门牙间的缝隙给人留下了很好的印象，所以很多人都把它视作魅力点珍惜。

▶ 一字眉

对于中东塔吉克斯坦共和国的女性来说，左右眉毛相连的“一字眉”是女性的魅力之一。这是从“成年后眉毛连在一起就可以恋爱了”的风俗中衍生出的“恋爱结婚的女性=美丽的女性”的观念，因而一字眉成了美人的条件之一。在那里，眉毛又粗又浓密的女性很有魅力哟。

▶ 肥胖

在非洲西北部的毛里塔尼亚，肥胖的女性才被认为是美丽的。在农作物难以生长的沙漠国家，丰满的身体是生活富裕的证据。在那里，到了可以结婚的年龄，女人首先要做的就是吃胖！当地甚至有被称为“填喂法”的为了变胖而吃很多东西的习惯。虽然现在为了健康，这一风俗习惯被重新考量，但至今仍有很多家庭想让女儿长胖。

▶ 细腰

束得很细的腰肢在很多地方被认为是女性的迷人之处，很多男性都很在意这一点。有一种说法是，男性本能地看女性腰部的理由之一是，判断对方是否怀孕（结婚）。居住在越南的傣族女性为了突出自己的细腰和美丽的身体曲线，会缠上色彩鲜艳的腰带。

▶ 伸长的嘴唇

看到埃塞俄比亚的摩尔西族女性，你也许会大吃一惊，因为所有的女性都在下嘴唇上套上了盘子。这原本是在*奴隶贸易盛行的时代，当地女性为了使自己变丑而不被当奴隶贩卖所下的功夫，久而久之却成了一种风俗——下嘴唇能撑起更大盘子的女性更有魅力。也许是坚强的求生意志造就了她们的美丽吧。

思考方式的差异

幸福

“想成为不幸的人”——谁都不会有这种想法吧？人类都是以幸福为目标而生活的。因此，为了让人生变得更好，了解自己想要什么样的幸福是非常重要的事。让我们一起来了解下各种各样的幸福，以此作为寻找自己的幸福的提示吧。

▶ 有钱

虽然每个人的幸福标准都不一样，但是没有钱的话就有遭遇不幸的可能。金钱可能会成为获得幸福的方法之一，所以要好好珍惜。

金钱有时能让人获得幸福……

三大基本需求

▶ 衣、食、住

很久以前，在靠狩猎、采集植物生存的时代，光是为了生存，人类就已耗尽全力。在严酷的环境中，满足“衣、食、住”的需求——有抵御寒冷的衣服、填饱肚子的食物和能好好休息的家——比什么都重要。这些是人类生存的基本需求，也是迈向幸福的第一步。

比其他事情都重要……

▶ 保持健康

无论是学习、生活，还是玩耍，如果没有健康的身体，这些都很难顺利进行。健康的可贵之处在于，虽然人们平时会忘记它有多好，但生病或受伤的时候就会意识到它的重要性。日本有“健康第一”的说法。很多人认为，无论在其他事情上受到多大眷顾，健康才是最大的幸福。

向着正确的方向前进

▶ 实践美德

德国哲学家康德认为“幸福是通过道德行为（做正确的事情）得到的结果”。最重要的是，要坚持做自己认为正确的事情，这样做的话，良心就不会感到不安，人就会感受到幸福。请走自己相信的路，说不定幸福就在前方呢。

▶ 精神上的快乐

“当一个不满足的人比当一头满足的猪好。”英国*哲学家米尔留下了这样一句名言。他认为，饮食等物质上的快乐，其他动物也能感受到，但知识和良好人际关系等精神上的快乐，只有拥有理性和感性的人才能感受到。也许通过重视学习和珍视周围的人，我们就能获得人类特有的幸福。

▶ 自我实现

想成为这样的人，想做这样的事——心理学家马斯洛认为，用自己的力量实现梦想是最幸福的事情。这是说，比起被别人认可，安稳地生活、成为自己能够接受的自己，是最难、最高级的幸福。虽然实现梦想很难，但一旦实现，你可能会得到极大的幸福。

▶ 与他人建立联系

有人认为，国家的政治和经济生活越丰富，人们就会越幸福……这可不一定。在幸福度调查中，排名第一的斐济人的幸福秘诀在于“与他人建立联系”。他们都很会撒娇，很多人因互相依赖而发自内心地认为“自己是有用的优秀的人”。这是用钱买不到的幸福啊。

▶ 内心的平静

总是带着笑容的人，看起来很幸福吧。法国*哲学家阿兰认为，得到“内心的平静”（平静的心）就是幸福。如果放纵感情和情绪去生活，哪怕感受到一点儿痛苦，也会觉得“不幸”。因此，经常有意识地保持微笑和心情开朗是很重要的。如果你能一直向前看的话，你已经很幸福了。

思考方式的差异

和　平

无论哪个时代，都有许多人为了追求和平而思考并行动，然后才有了现在的世界。和你心目中有关和平的想象相比，现在的和平怎么样呢？现在的世界和平吗？让我们学习一下大家所认为的和平形式，思考下世界今后的发展方向吧。

▶ 互相承认

在呼吁和平的活动中，我们经常能看到“和平的旗帜”。这面旗帜的寓意是“多样性下的统一”，即“虽然世界上有各种各样的人，但是通过互相认可、携手合作，人类就会获得和平”。旗帜的背景图案是颜色鲜艳的彩虹，代表各种各样的人，而多彩的光重叠起来就会变成白色——和平的标志色。

各种光混合在一起变成白色

和平的反义词

▶ 没有战争的世界

现在世界上某个地方正在发生的战争和纷争，是众多生命被践踏的令人悲伤的事。谁也不想失去重要的人吧。消除战争，是和平的基石之一。

全部凑在一起就对了！

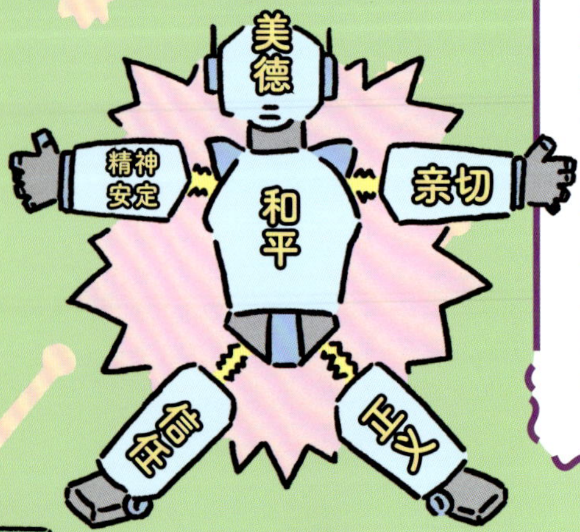

▶ 美德 · 精神安定 · 亲切 · 信任 · 正义

如何用一句话来表达什么是和平？相当难啊。荷兰*哲学家斯宾诺莎所认为的和平包含“美德、精神安定、亲切、信任、正义”五个要素。总觉得有点儿多呢。这些要素的共同点是“都产生于心中”。只有人人都具备了这些，世界才能变得和平。让我们来思考一下这个世界还有什么不足之处吧。

不可分割

▶ 自由

*种族歧视有悠久的历史。马尔科姆 · 艾克斯为争取黑人的“人权”（作为人类拥有的权利）进行了斗争。如果没有人权，人们就无法自由地做任何事情。

祈祷对方「和平」

▶ 幸福的生活

在*《圣经 · 旧约》中，“你好！”用希伯来语表达是“夏洛姆”（šālôm，和平）。这个词的本意是“心理健康”“人际关系和谐”。因此，人们认为，和平不只是没有战争，还要过上安稳幸福的生活。从那以后，为了祈祷对方“和平”，这个词一直被人们所使用。

追求真正的和平

▶ 非暴力主义

说起和平的象征，那就是印度独立之父甘地。他的信念是“非暴力”（不依赖暴力）。他执着于此不仅仅是为了印度的独立，更是为了人类的和平。他认为，通过暴力得到的东西会因为暴力而失去。他向世界展示了非暴力才是真正的和平。

和平不是神明赐予的

▶ 人类送给彼此的礼物

“不要忘记，和平不是神送给人类的礼物，而是人类送给彼此的礼物。”犹太裔作家埃利 · 威塞尔留下了这样的话，这是他自己经历过暴力和歧视后得到的教训。他认为，不能一味地许愿祈祷，人类只有自己思考，互相合作，才能拥有和平。

保持积极向上的心态吧

▶ 自然资源丰富

哥斯达黎加是与自然共进退的国家。听到“和平”一词，那里的人脑海里想到的是大海、大山等自然资源丰富，以及大家和睦相处。实际上，这是从他们国家的教育方针“将和平和积极的事物直接联系起来，会产生前进的动力”出发来看待和平的。

思考方式的差异

人类

人类是什么？怎样生活才是正确的？这明明是人类自己的事，我们却无法轻易说出答案。在这里，我们要学习人类是一种怎样的存在，并用不同于以往的视角来思考自己和大家。这样一来，我们今后的生活方式可能会发生变化哟。

一切生物的顶点

▶ 万物之灵长

你知道人类被称为“万物之灵长”吗？这出自中国*思想家孔子所写的“天生万物，唯人为贵”。人的确是优秀的，却是在各种各样的生命的帮助下生存下来的。正因为人类有力量，所以应该保护动物、植物，让其他物种与人类共存。

会烦恼，就是优秀的证明

▶ 会烦恼的生物

会感到烦恼的，其实只有人。心理学家弗兰克尔用表示人类的词语“智人”（Homo sapiens）创造了“苦闷的人”（Homo patience）这个词。如果能消除烦恼，人们就能根据经验和知识帮助有同样烦恼的人。所以，烦恼对人来说是非常重要的。

你是人类，还是神或兽？

▶ 工作的生物

为了保护自己而制造武器，为了在空中飞翔而制造飞机——人类通过制造工具推动了社会和经济的发展。把这种属性视为人类最大特征的法国*哲学家柏格森，称人类为“工具制造者”（homo faber）。我们身边的所有事物，都是我们作为人类生存下来的证据。

这些都是人类活动的证明

▶ 城邦的动物

人类建立学校、公司、国家，互相帮助，共同生活，这一切都是为了能够和平而快乐地生活，让大家觉得“这很好”。因此，古希腊哲学家亚里士多德把人类称为“城邦（共同体）的动物”。相反，那些不需要共同体的人，则可以说是“兽或神”。你像人一样活着吗？

▶ 有理性的生物

“肚子饿了就吃东西”，这一点其他动物也能做到，但是“忍耐到吃饭时间”这种不受本能和感情影响的行为，只有有理性的人才能做到。因此，*生物学家林奈称人类为“智人”，这就是人类的学名。对于在社会上生存的人来说，理性是很重要的。

▶ 神的样子

在地球上，只有人类有宗教信仰。即使是宗教，也会考虑“人是什么”。在*基督教教义中，人类被认为是“模仿神的姿态创造出来的生物”。因此，人被认为是被神喜爱的特别的存在。另外，人类也被赋予了守护神明创造的这个美丽世界的责任。

▶ 两足直立行走

在生物学中，“两足直立行走（能笔直站立，用两条腿走路）的生物”被认为是“人”。为什么人类会用两条腿走路呢？其假设之一是“为了送礼”。据说，这是因为雄性给雌性送食物等礼物的时候，两足直立行走搬运东西是最方便的[1]。为了他人做出的行动，导致了人类的进化。

1　关于人类为何直立行走的说法有很多，本书的说法仅是其中之一。学术界的主流说法之一是，相比于用四肢爬行，直立行走更节约能量，简单来说就是更省力，有利于生存。——编者注

▶ 游戏的生物

荷兰历史学家惠金加认为，无论是工作、学习，还是进行体育运动，人类所有的文化都是由“游戏精神”产生的。他认为，正是游戏所产生的乐趣发展了人类文化。由此，他称人类为“游戏的人”（Homo ludens）。什么事都能享受的人，可能是最像人类的人吧。

▶ 会思考的芦苇

不能像鱼那样自由地游泳，也没有狮子那样的獠牙——单从身体来看，人类在自然界中是非常弱小的生物。但是，人会思考。法国*哲学家帕斯卡把人比喻成容易被风刮倒的芦苇，称之为“会思考的芦苇”。他认为，即使遇到困难也能通过思考克服，并重新站起来，这就是人。

思考方式的其他差异

● 蝉

在夏天发出响亮的鸣叫，最后扑簌扑簌从树上掉下来的蝉，在日本是梦想的象征。蝉的幼虫长时间待在土里，从远古时代开始就被认为是生命力很强的虫子。另外，在法国的南部，作为“唤来幸运的虫子”，蝉的形象常被用在饰品的设计上。

● 猪

猪通常被认为是不干净的动物，因此，“猪”字在各种语言中经常被用于脏话中。但是，说到储蓄罐，那绝对离不开猪的形象！很多人都有这种印象。作为在繁殖方面很优秀的家畜，猪被人们视作可以产生财富的吉祥物，很受欢迎。另外，猪其实非常爱干净，会把厕所和睡觉的地方分开。猪也希望自己的名字被当作好词使用呢。

● 夜晚的口哨

有些人心情好时会吹口哨，但在有些地方晚上是不能吹口哨的。因为人们认为口哨的声音会让蛇兴奋，将其招引家中。在部分地区，还有这样做会招小偷或招幽灵等各种各样的说法，所以晚上不让吹口哨！其实，这是家长为了不给邻居添麻烦，管教孩子时所使用的迷信说法，并非真的会招致灾祸。

● 彩虹

雨后看到天空中美丽的彩虹代表着幸运！彩虹在日本被认为是吉利的好东西。但是，世界上其他地方的人未必都这样认为。对于居住在安达曼群岛的人来说，彩虹是非常不吉利的东西。他们认为彩虹是连接死亡世界的拐杖，据说如果彩虹降临，死者就会通过彩虹来到这个世界，非常恐怖呢。

怪物的血
为什么是绿色的？

● 绿色

绿色是一种让人感觉很自然、有治愈作用的柔和颜色，但也许只有一部分人这么想。在欧美，绿色也代表恶魔等怪物的颜色。其理由是，恶魔的象征蛇是绿色的。因此，电影中的怪物、恶魔、外星人等的身体和血液通常都是绿色的。下次关注一下吧。

不只代表危险的颜色

● 黄色

在警示牌上，黄色常表示“注意危险”。除此之外，在日本，黄色还给人以有趣、正面的印象。在中国，黄色以前被认为是最高贵的颜色，是地位高的皇帝才能在衣服上使用的颜色。但是，在欧美，因为背叛耶稣的犹大穿着黄色的衣服，所以黄色被认为是危险和令人不愉快的颜色。

● 白色和黑色

有些地方会用颜色来比喻比赛的胜负。在日本的体育比赛中，白星意味着“胜利”，黑星意味着“失败”。而在欧美，白色则意味着“投降”和“失败”。另外，一方面黑色给人以“葬礼”和负面的印象；另一方面，黑色在世界上也意味着“高贵”和“优雅”，常作为高级游乐园的标志色之类的。

要明辨黑白哟！

这可不吉利啊
9
中国人
日本人

● 忌讳数

忌讳数指不吉利的数字。在日本，“4”和“9”是能让人联想到痛苦之事的忌讳数。但在中国，“9”是表示“永远”的吉利数字。另外，对信奉*基督教的人来说，“13”是忌讳数。据说，这是因为参加*耶稣最后的晚餐的人数是13。像这样把数字和运气联系起来的想法，世界各地都有。

朋友

你知道“亲而有礼”这句话吗？这是日本的谚语，意味着无论与什么人在一起，都要保持一定距离，有礼貌是很重要的。不同的是，在邻国中国，有这样一个词，叫“亲密无间”，即对朋友会毫无顾虑地说出自己的想法，也会毫无顾虑地借东西，不客气是信赖对方的证明。

成人

如果变成蝴蝶就是蛹“长大成人”的标志，那么，人类的孩子和成人该如何区别呢？一种答案是，看其是否具有“在社会上生存的能力”。很多国家以年龄作为判断标准，通过年龄区分大人和孩子。当然，也有其他的判断标准，比如通过举行祖辈代代相传的“成人仪式”来宣布孩子成人。

孩子的职责

孩子们学习了各种各样的知识之后才能成为大人。在*发达国家，大量的玩耍和校园学习被认为是孩子们最重要的职责。而在一些经济欠发达地区，也存在“上学什么的没意义”“女孩子不需要接受教育”等想法。

家庭

说到“家庭”，可能很多人会联想到爸爸、妈妈和孩子。但是，世界上还有妈妈和孩子组成的“母子家庭”、丈夫和妻子组成的“夫妇家庭”等各种各样的家庭形式。

了不起的人

“了不起”指“优秀而出色”，但其定义会根据社会现状的不同而发生变化，很模糊多变。在日本，录用和培养没有工作经验的人的情况较多。因为大家普遍认为，拥有广博知识的人就是了不起的人。在美国则不同，他们会录用能力与工作岗位相称的人，认为能把一件事做到极致的人才是了不起的人。

● 正义

说到正义，应该有很多人会想起与恶势力斗争的英雄。但是，“正确的事，不好的事”是会根据立场和看法的不同而变化的，是不确定的。因此，在欧洲，维护平等被认为是正义——作为正义的象征而出名的是“拿着天秤的女神忒弥斯”（Themis）。在日本，律师的徽章也是以天秤为主题图案的。

● 货币

货币既不能填饱肚子也不能遮风挡雨。但是，因为大家都相信“有它就能买到东西”，所以货币就产生了价值。如果外星人带着大家都不认识的货币来，在地球上应该买不到东西吧。另外，世界上也有使用家畜和饰品来购买物品的地区，而不是使用硬币和纸币。

● 时间

在和朋友约会或坐电车等情况下，人们经常会看表确认时间。大家理所当然地认为，因为有了钟表，时间能被看见了。实际上，时间是看不见的东西。在没有钟表的时代，人们认为，太阳一升起，清晨就到来了；太阳一下山，夜晚就会降临。根据想法和看待方式的不同，人们对时间的感觉也不一样。

● 心灵

一想到喜欢的人，心里就会七上八下的，可能也会感到难过……“心灵一定在胸口处！”这是*哲学家亚里士多德的想法。实际上，心灵是看不见的——并不存在心灵这种东西。在近代科学中，“大脑”和“大脑的产物”被认为是心灵的本来面目。你的心灵在哪里呢？

● 一百年后的世界

让我们稍微窥视下一百年后的世界：在医疗领域，人类将能保持年轻的状态，寿命是现在的10倍；在科学领域，机器人可以和人类恋爱……另外，据说地球的平均气温会上升近6℃。一想到这些今后可能会成真，就感到很兴奋吧。

人类博物馆
这就是人类
博物馆啦！

楼层图
屋顶 思考方式
屋顶上放置的是“思考方式迷宫”，即使从同一个入口进入，终点也不一样哟。你的终点在哪里呢？
三楼 交流方式
这里陈列了很多标题相同的画。虽然它们想传达的东西是一样的，但是表达方式多种多样。
四楼 感受方式
人在不同时刻会有什么样的心情呢？从各种各样的场景中确认你的心情吧。
一楼 身体
人的身体可谓十人十色，人有各种肤色和体形哟。从看得到的部分到看不到的差异，内容丰富多彩。
二楼 生活方式
世界各地的人都有很多“为了充实地生活而下的功夫”。去看看他们的住所和衣服之类的吧。

有缘再会吧！

人类博物馆的参观到此就结束了。
这里介绍的其实只是人类生活的一小部分，
世界上不同地区的人
拥有不同的身体特征、生活方式和思考方式。
知道了大家的不同，你有什么感受吗？
——哦，哦，是这样啊。
有感到有趣的人，有感到恐怖的人，有感到不可思议的人……
大家的感受各不相同吧？当然，谁都没有错，
因为人类是“大家各不相同，当然如此”的。

说起来，仅在感受方式上就有这么大差别的人，
还能一起聊天、一起笑着过日子，你觉得是为什么呢？
我认为，正因为有差异，我们才能如此。
正因为不一样，所以会有吵架的时候；
也正因为不一样，所以想互相理解。
因此，了解了彼此的心情后，会很开心吧？

对你来说，接下来还有很多的相遇在等你。
说不定，你也会对大家和自己的不同感到困惑。
这种时候，试着像这样来考虑一下：
“大家都不一样，这是理所当然的。
但是，人类能够相互理解。”
这样的话，你不了解的新世界一定会不断扩大的。
那么，我们差不多该去进行下一次冒险了。
能和你相遇真是太好了，再会！

图书在版编目（CIP）数据

人间图鉴 /（日）伊吕波出版编著；苏航译. 一北京：北京联合出版公司，2022.3

ISBN 978-7-5596-5826-5

Ⅰ. ①人… Ⅱ. ①伊… ②苏… Ⅲ. ①文化史－世界－少儿读物 Ⅳ. ①K103-49

中国版本图书馆CIP数据核字（2021）第279642号

北京市版权局著作权合同登记 图字：01-2021-6734号

人间图鉴

作　　者：（日）伊吕波出版　　译　　者：苏　航
出 品 人：赵红仕　　出版监制：辛海峰　陈　江
责任编辑：徐　樟　　特约编辑：郭　梅
产品经理：卿兰霜　魏　傩　　美术编辑：任尚洁
装帧设计：人马艺术设计・储平　　版权支持：张　婧

北京联合出版公司出版
（北京市西城区德外大街83号楼9层　100088）
北京联合天畅文化传播公司发行
万卷书坊印刷（天津）有限公司印刷　新华书店经销
字数 58千字　889毫米×1194毫米　1/12　8.5印张
2022年3月第1版　2022年3月第1次印刷
ISBN 978-7-5596-5826-5
定价：98.00元